BORDIGHERA POETRY PRIZE 16

BROOM

poems by Joelle Biele

LA SCOPA

traduzione di Irene Marchegiani *e* Emanuele Pettener

BORDIGHERA PRESS

Library of Congress Control Numbers
2014951293 (softcover)
2014952840 (hardcover)

The Bordighera Poetry Prize
is made possible by a generous grant from
The Sonia Raiziss-Giop Charitable Foundation.

Cover design by Joelle Biele.
Cover image from Shutterstock.

Printed in the United States.

Published by
BORDIGHERA PRESS
John D. Calandra Italian American Institute
25 W. 43rd Street, 17th Floor
New York, NY 10036

Bordighera Poetry Prize 16
ISBN 978-1-59954-085-6 (softcover)
ISBN 978-1-59954-086-3 (hardcover)

BROOM

poems by Joelle Biele

LA SCOPA

traduzione di Irene Marchegiani *e* Emanuele Pettener

for Kirk

for Katie, Andrew, and Erik

per Kirk

per Katie, Andrew, ed Erik

TABLE OF CONTENTS

ONE

TWO

INDICE

THREE

FOUR

TRE

QUATTRO

ONE

UNO

ELSEWHERE

Where did we think we were going and why
were we driving against the wind, the bridge
        rising over the reedy water, a cold stream

that never comes clean. The chalky cliffs,
they took in the sun, and the trees,
        were they steps, did they go up or down?

Little towns, little pumps, stores
that stayed closed, were there vines
        or flowers like cloudy streams?

Here the tide swallows everything whole,
rocks, walls, wells, whole islands, roads
        and rotting fences under branches that never meet.

Was there smoke, a front swing,
beams and joists, unlocked doors, corrugated
        barns, all we could believe, as if words

could be the thing itself, the blackbirds
their red wings, and everything a literal description
        of what we mean? We drove over one inlet,

then another, scraggly woods, fields hemmed
by pines, rust and tin, as if time could split
        like rails and the sandy air lead us nowhere.

The road rose over the shallows somehow bright
in the late fog, a few birds ruffled
        like plastic bags. We didn't stop.

It was as if we'd come to the edge
of ourselves, as if the beach, long and narrow,
        were only light and silver and the sea

stone and broken shells. I do not
remember the sound. We closed our eyes,
        we lay on the sand, we could not sleep.

Altrove

Dove pensavamo di andare e perché
guidavamo contro vento, il ponte
        che s'innalzava sopra l'acqua e le canne, un rivo freddo

mai pulito. Scogliere gessose
assorbivano il sole, e gli alberi,
        erano gradini? andavano in su o in giù?

Piccole città, piccole pompe di benzina, negozi
che restavano chiusi, erano viti
        o fiori come torbidi rivi?

Qui la marea inghiotte ogni cosa tutt'intera,
rocce, muri, pozzi, isole intere, strade
        e recinti marciti sotto rami che non s'incontrano mai.

C'era fumo, c'era un dondolo,
travi e travetti, porte non chiuse, fienili di lamiera
        ondulata, tutto da poterci credere, come se le parole

fossero la cosa stessa, i merli
le loro ali rosse, e ogni cosa una descrizione letterale
        di quel che intendiamo? Guidammo oltre un'insenatura,

e poi un'altra, boschi incolti, campi circondati
dai pini, ruggine e stagno, come se il tempo potesse dividersi
        come le rotaie e l'aria sabbiosa non ci portasse da nessuna parte.

La strada si sollevava sopra le secche ancora luminosa
nella nebbia lenta, pochi uccelli arruffati
        come buste di plastica. Non ci fermammo.

Era come se fossimo giunti al limite
di noi stessi, come se la spiaggia, lunga e stretta,
        fosse solo luce e argento e il mare

pietra e gusci rotti. Non
ricordo il suono. Chiudemmo gli occhi,
        ci sdraiammo sulla sabbia, non riuscimmo a dormire.

To Katharine: at Twelve Weeks

Those nights nothing could soothe you,
and nothing explained your love of Fillmore's
Circus Bee, the crash of Samson and Delilah,
or any full-throttle Sousa at 2 A.M.
We drew our sabers and danced, we waltzed
moon rivers, we swayed with the ladies
of sorrow, we scat with the ladies of joy.
Midnight's maestro, you conducted the spheres.
The house a sudden hush, we'd whistle
with the panes, measure the hours with the wind,
we'd study the alphabet of sleep.
Do you remember the dark swelling up,
the snow, the white and icy fields?
My love lost in grief, you were my claire de lune.

PER KATHARINE: A DODICI SETTIMANE

Quelle notti niente riusciva a calmarti,
e niente spiegava il tuo amore per il Circus Bee
di Fillmore, la lotta fra Sansone e Dalila,
o un Sousa a tutto volume alle due di notte.
Sguainavamo le nostre spade e danzavamo, ballavamo
i moon rivers, ancheggiavamo con le donne
del dolore, cantavamo con le donne della gioia.
Conduttrice di mezzanotte, conducevi le sfere.
La casa un'improvvisa quiete, fischiavamo
insieme ai vetri, misuravamo le ore con il vento,
studiavamo l'alfabeto del sonno.
Ricordi il buio che si andava dilatando,
la neve, i campi bianchi di ghiaccio?
Amore mio, perso nel dolore, eri tu il mio chiaro di luna.

RESERVOIR

The hills slept in the heat, the boats turned over, and night abandoned
the stars with nothing to reflect. The water gone dry, we walked out and half-looked

for where a shed sat square, footings, a barn door, anything from where the town
took itself down, labeled post and beam, to where the water came, the rails sank,

nothing was left. We didn't stay long. We looked up under a spackled sky
as if we could stand in the dead center of a thing, look up and know each step

was a falling off from the particulars of that given moment. I don't know
that I ever felt more alone. In winter you can walk on the ice, stare

into that black steaming world, August, stay out late, you'll hear the moon trick
the birds, swans crackling in the reeds, you'll know how the body swells in heat,

how night leaves you exposed. The pines stood like so many eyes, their branches
rungs on a ladder we could climb, as if we could look down on that dry bottom as if

it were a map or chart we could read and climb the way I did when I was small,
the tree outside my window, my mother calling me in from the dark.

La cisterna

Le colline dormivano nella calura, le barche capovolte, e la notte
                                                    [abbandonava
le stelle con niente da riflettere. L'acqua prosciugata, uscimmo fuori e un po'
                                                    [cercammo

dove un capanno s'ergesse diritto, degli appoggi, la porta d'un granaio,
                                                    [qualunque cosa da dove il paese
era stato divelto, ogni palo ogni trave con un nome, verso dove veniva
                                                    [l'acqua, sprofondavano le rotaie,

non rimaneva nulla. Non restammo a lungo. Guardammo sotto un cielo
                                                    [screziato
come se potessimo stare al centro esatto di qualcosa, guardare in su e sapere
                                                    [che ogni passo

era una caduta dalle minuzie di quel dato momento. Non so se
mai mi sono sentita più sola. D'inverno si può camminare sul ghiaccio,
                                                    [fissare

il nero mondo fumante, d'agosto si sta fuori tardi, si sente la luna che
                                                    [inganna
gli uccelli, i cigni fruscianti fra i canneti, si impara come il corpo si dilata con
                                                    [il caldo,

come la notta ci lascia esposti. I pini si ergevano come tanti occhi, i rami
                                                    [come
pioli d'una scala che potevamo salire, quasi potessimo guardare giù a quel
                                                    [fondo arido

come fosse una mappa o una cartina che potevamo leggere e dove
                                                    [arrampicarci come facevo da bambina
sull'albero fuori dalla mia finestra, dal buio mia madre che mi richiamava
                                                    [dentro.

To Katharine: at Four Months

Look, she's back, the one who laughs
with her feet, laughs with her hands, the one
who laughs at her jokes and laughs again.
We lose her in water only to find her
in windows and spoons, the toy mirror
and tinny keys that shimmy over your head.
When I take your hand and bend over the bridge
and she's there in the ice and first weeds,
do you know who she is? Your vowels skip
like stones and your breath is a foggy horn.
You wander the lake like a cloud,
you muddy the stream. My scattering,
you're the wind that stirs the leaves, you're
the green air that drifts through the dark.

PER KATHERINE: A QUATTRO MESI

Guarda, è tornata, colei che ride
con i piedi, ride con le mani, colei
che ride ai propri scherzi e ride di nuovo.
La perdiamo nell'acqua solo per ritrovarla
nelle finestre e nei cucchiai, lo specchietto giocattolo
e minuscole chiavi che danzano sul tuo capo.
Quando ti prendo per mano e giriamo sul ponte
e lei è là sul ghiaccio e fra le prime erbacce,
sai chi è? Le tue vocali saltellano
come sassi e il tuo fiato è una sirena da nebbia.
Vai girovagando intorno al lago come una nuvola,
infanghi il ruscello. La dispersione è mia,
tu sei il vento che agita le foglie, tu sei
l'aria verde che fluttua nel buio.

MISCARRIAGE

It was December, mid-morning, Thursday
or Friday, you were at work, I had
a magazine, and I remember the frost
inside the casement windows, how quiet
it was outside our apartment door.
Do you remember how we would go
for a drive, no place to go, just follow
the fall of some road, stop, maybe find
some place to eat? And how once, near home,
we saw three swans behind the Shell?
It was a mother and two cygnets
floating past the drainage when something
pulled one of the birds down. It went
fast. The mother, she reared up, fanned
her wings, she made a sound I did not hear.
Love, when you came home I asked you
to clean the bathroom floor. Forgive me.
I wanted it to happen to you.

Aborto spontaneo

Era dicembre, metà mattina, giovedì
o venerdì, tu eri a lavoro, io avevo
una rivista, e ricordo il gelo
dentro i battenti delle finestre, la
quiete fuori del nostro appartamento.
Ricordi come facevamo un giro
in macchina, senza una meta, seguivamo solo
la pendenza d'una strada, una sosta, magari
un posto per mangiare? E come una volta, vicino casa,
vedemmo tre cigni dietro la Shell?
Era una madre con due piccoli,
avanzava oltre lo scarico quando qualcosa
trascinò giù uno di loro. Scomparve
rapidamente. La madre si impennò, agitò
le ali, emise un suono che non sentii.
Amore, quando tu tornasti a casa ti chiesi
di pulire il pavimento del bagno. Perdonami.
Volevo che succedesse a te.

Apologia

That I only had a vague idea of what
mothering would be, that it hurt, that
I was tired, that I wanted it to stop,

that some part of me thought I could
stare death in the eye, yank it from the corners.
That when I watched you inch around your crib

I could act like nothing had ever happened,
nothing ever would, that I didn't watch
you enough. That when you were born

I thought I already knew you. That I tried
to please everyone but you, that I did things
I never thought I'd do. I don't know

what is worse: that sometimes I cared more
about words that could never love me back or that
sometimes, most times, I could not hold

your gaze. There was nothing better
than kissing the sweet give of your skin,
lying down, extending my arms so you could float

over my head. That I needed to learn to say
apple and *cup, doll* and *spoon,*
that in betraying myself, I betrayed you,

and that even now I am afraid to take your wand,
tap myself on the shoulder, that I am afraid of what
it would mean to suddenly, irrevocably appear.

APOLOGIA

Che avevo solo una vaga idea di cosa
fosse essere madre, che facesse soffrire, che
sarei stata stanca, che avrei voluto finisse,

che parte di me pensava potessi
fissare la morte negli occhi, strapparla via dagli angoli.
Che mentre guardavo che ti muovevi piano dentro la culla

io potessi comportarmi come non fosse accaduto nulla,
come nulla mai sarebbe accaduto, che non ti guardavo
abbastanza. Che quando nascesti

pensavo già di conoscerti. Che cercavo
di accontentare tutti tranne te, che ho fatto cose
non pensavo avrei fatto mai. Non so

cosa sia peggio: che a volte mi toccavano di più
parole che non potevano ricambiare amore o che
a volte, il più delle volte, non potevo reggere

il tuo sguardo. Non c'era niente di meglio
che baciare la tua pelle morbida e dolce,
mentre distesa tendevo le braccia a farti volare

sopra la testa. Che dovevo imparare a dire
mela e *tazza, bambola* e *cucchiaino,*
che tradendo me tradivo te,

e che anche adesso ho paura di prendere la tua bacchetta magica,
picchiettarmi leggera sulla spalla, che ho paura di ciò
che potrebbe significare così d'improvviso e irrevocabilmente apparire.

FROM OCRACOKE

The sky was gray and sharp, a rusted hinge,
and the boat was the size and color
of a taken-down door. We left without books

or maps, we had no plans except sea
on one side, bay on the other, and a guide
who'd steer us by an island of birds,

one of shells, and leave us on a beach
of grass and muddy flies, boards perched
on rocks and no trees to find a town

of empty houses, its one church locked.
Did we think we could walk away
from everything we knew, walk into words,

the way he said *out,* dip between the *o*
and the *u,* swing into time like a hand
in water, be so completely out

of ourselves we'd walk from a cove
of stale and sandy streams to a town swept green,
gloves on the rail, the table set, curtains up?

Over the dunes the beach unfurled
like a line cast too long, and the wind
curled over the drying rims.

The boat was only a spark on the water,
and the sky, bleached and frayed, held nothing
but clouds and the smell of gasoline.

DA OCRACOKE

Il cielo era grigio e affilato, un cardine arrugginito,
e la barca aveva la dimensione e il colore
di una porta smontata. Eravamo partiti senza libri

o mappe, non avevamo programmi ma solo mare
da un lato, la baia dall'altro, e una guida
che ci avrebbe diretti a un'isola di uccelli,

una di conchiglie, e ci avrebbe lasciati su una spiaggia
d'erba e mosche imbrattate, assi appollaiate
sulle rocce e senza alberi, a trovare un paese

di case vuote, l'unica chiesa tutta chiusa.
Pensavamo forse di poter andarcene
da tutto ciò che conoscevamo, camminare verso parole,

come lui diceva *fuori,* una flessione fra la *u*
e la *o,* oscillare nel tempo come una mano
nell'acqua, essere così completamente fuori

da noi stessi che avremmo camminato da una cala
di rivoli esauriti e sabbiosi verso un paese ampio di verde,
guanti sulla balaustra, la tavola apparecchiata, le tende tirate su?

Sopra le dune si stendeva la spiaggia
come una lenza lanciata troppo lontano, e il vento
si arrotolava sopra i bordi inariditi.

La barca era solo una scintilla sull'acqua,
e il cielo, sbiancato e sfilacciato, non conteneva altro
che nuvole e odore di benzina.

"MYSTERY SURROUNDS BIRD DEATHS"

"Police said an estimated 200 birds, some of which dropped out of the sky and pelted passing cars, wound up strewn along the highway about 4 p.m."
                    —*The Washington Post*, March 31, 2000

As if a drop in barometric pressure, a hormonal dip
in the brain, some change in magnetic fields, as if

coded by one gene in one cell, one muscle's electric firing,
the starlings came like snow sliding from roofs, muted brass,

they were stutter and flare. Black armbands stepping in a parade,
mallets drilling, a low rolling drum, they were

sheets snapping, coins clattering, beads slipped
from a string. They came like one hundred horns

and one hundred bells, the roar of the guillotine, they were
a shout from the stands. They were steel taps hammered,

toe and heel, the snap of a dancer's fan. Hand on face,
knife on wood, without knowledge or forethought, they fell

like double-hungs, a kicked-out keel, and their long slide
was a skid on black ice, cards or pages bridging back.

They cleaved. As if they couldn't see the road curve
or the road rise, the long line of brake-lights flashing

or time the sun or the glare, as if they took
such pleasure in their dive, the green swerve of the world,

they couldn't come out. Caught in a draft of synapse and nerve,
air shot from the bay, they were horses' hooves, a squall of wings,

they were a sudden keening, as if they could descend so fully
into being, as if they are what they are, as if they are nothing else.

"IL MISTERO AVVOLGE LA MORTE DI NUMEROSI UCCELLI"

"La polizia ha detto che circa 200 uccelli, alcuni dei quali sono caduti dal cielo colpendo le automobili di passaggio, sono finiti disseminati lungo l'autostrada verso le quattro del pomeriggio."
—The Washington Post, 31 Marzo, 2000.

Come per un abbassamento della pressione barometrica, una depressione
[ormonale
nel cervello, un cambiamento nei campi magnetici, come se

codificati da un gene in una cellula, la scossa elettrica di un muscolo,
gli storni sono scesi come neve che scivola via dai tetti, un ottone reso muto,

erano bagliore e balbettio. Fasce nere al braccio a passo di parata,
martelli perforanti, un tamburo che rulla basso, erano

fogli crepitanti, monete tintinnanti, perline scivolate via
dal filo. Sono arrivati come cento corni

e cento campane, il fragore della ghigliottina, erano
un urlo dagli spalti. Punte di metallo inchiodate,

tacco e punta, lo scatto del ventaglio di una ballerina. Mano sul viso,
coltello sul legno, senza saperlo né prevederlo, si sono abbattuti

come lo schianto di una finestra, una chiglia scartata, e la loro lunga scivolata
era una slittata sul ghiaccio trasparente, carte o pagine che si inarcano
[all'indietro.

Lo stormo si spaccò. Come se non potessero vedere la curva sulla strada,
la pendenza della via, la lunga fila di luci lampeggianti dei freni

o calcolare il sole o il riverbero, come se provassero
piacere alla caduta, la deviazione verde del mondo,

e non potessero uscirne. Colti in una corrente di sinapsi e nervi,
l'aria soffiata dalla baia, erano zoccoli di cavalli, un turbinio d'ali,

un lamento improvviso, come se potessero discendere così totalmente
nell'essere, come se fossero ciò che sono, come se non fossero nient'altro.

29

To Katharine: at Eight Months

Newspaper kite, sticks and tissue tail,
ball bouncing on the waves, when I swing you
over the water you dangle your feet,
dip in your toes, you open and close your hands,
swing over the water, and then puff,
your hat blows back, you kick your legs and shout
again. My mermaid's purse, your laugh
is a strand of cloudy seeds, a boat tottering
out to sea, and your ear is a salty shell.
When I toss you in the air, what do you hear?
Stones? Sun? Water breaking or pulling back?
Some memory from before you were born?
The sand presses into our skin, the sting is deep
on our tongue. Our voices are already gone.

Per Katharine: a otto mesi

Un aquilone fatto col giornale, bastoncini e una coda di carta velina,
una palla che rimbalza sulle onde, quando ti dondolo
sull'acqua fai ciondolare i piedini,
immergi le dita, apri e chiudi le mani,
dondoli sull'acqua, e poi con un soffio
il tuo cappellino vola all' indietro, tu scalci e gridi
di nuovo. Il mio borsellino della sirena, il tuo riso
è un filo di semi velati, una barca che oscilla
in mezzo al mare, e il tuo orecchio è una conchiglia salata.
Cosa senti quando ti lancio per aria?
Pietre? Il sole? L'acqua che s'infrange o si ritira?
Qualche ricordo da ancor prima di nascere?
La sabbia preme sulla tua pelle, la fitta è profonda
sulla nostra lingua. Le nostre voci sono già sparite.

GREETINGS FROM KIEL

What I'm doing sitting high above the förde
in a rickety ferris-wheel above a line of yawning boats

rocking themselves to sleep and how I came to be
talking to a mad Romanian in a language I can only half-speak,

his girlfriend, German, translates for us both,
and how we came to circle a painted sky, wooden clouds,

the three of us sitting high above a city of streets
that don't exist under a sun that won't set,

can't be easily explained. The wind comes in from the sea
and sails lined with lights head past a wall of moony rocks,

a row of red-and-white stands, before they go under the ghosts of trees
to a dark water that shows no stars, only the stubs of lost tickets

that ripple and drowse like empty slips.
They bob beneath my feet as if I could trace a line

over the humming moors, the wishing tide, over the broken-down docks
and the dreams of junked boats that go

over the ocean and straight to you, at home, asleep
in our bed, dreaming your dreams, O sweet love.

SALUTI DA KIEL

Che cosa sto facendo seduta in alto sopra al fiordo
in una traballante ruota panoramica sopra una fila di barche che sbadigliano

e si dondolano per addormentarsi e come sono giunta a
discorrere con un rumeno pazzo in una lingua che parlo solo un po',

la sua ragazza, tedesca, traduce per noi,
e come siamo arrivati a girare intorno a un cielo dipinto, a nuvole di legno,

noi tre seduti in alto su una città di strade
che non esistono sotto a un cielo che non tramonta,

non si spiega facilmente. Il vento arriva dal mare
e vele solcate di luci vanno oltre un muro di rocce lunari,

una fila di chioschi bianchi e rossi, prima di finire sotto fantasmi di alberi
fino a un'acqua scura senza stelle, solo vecchi biglietti persi

sciupati e indolenti come sottovesti vuote.
Ondeggiano sotto i miei piedi come se potessi tracciare una riga

sopra il mormorio della brughiera, sopra gli attracchi fatiscenti
e i sogni di barche rottamate che vanno

sopra l'oceano e dritte a casa, fino a te che dormi
nel nostro letto, che sogni i nostri sogni, oh dolce amore.

Wattenmeer Means Cottonsea

The water eddied and pooled, and nothing
        on the horizon but a thick sky with no sun
and the sloshing wind. We'd left the pier

      maybe an hour before, and our guide
        walked us by boats beached by the docks, brooms
three meters high so we could race the tide

      five flat miles to the island's low dunes.
        Our legs were coated in a fine, gray mud,
it was under our nails, and we stopped

      to look at small, black shells, tiny worms,
        and plants that would turn red in fall and whose name
means melting glass. You said how easy

      it would be to get turned around, yes,
        and how easy to stay, to go into a place
that only comes out with the tide, be dragged

      into a word so that grass is roaring coal
        and flowers are clocks of sand, to dwell
in a word until it's only air fluting

      through a shell and the space where the sky spills
        into the sea is not there. We had to walk
up to our waists in that muddy water to get

      to the reeds, and we walked through the salty meadow
        to the beach that would take us over the dull,
smacking water and the cold, cotton sea.

WATTENMEER SIGNIFICA MARE DI COTONE

L'acqua turbinava e mulinava, e niente
        all'orizzonte salvo un cielo denso senza sole
e il vento violento. Avevamo lasciato il molo

forse da un'ora, e la nostra guida
        ci portò vicino a barche tirate a secco lungo le banchine,
le ginestre alte tre metri, per correre contro la marea

per cinque miglia in piano fino alle dune basse dell'isola.
        Avevamo le gambe coperte di un sottile fango grigio,
ci entrava sotto le unghie, e ci fermammo

a guardare piccole conchiglie nere, vermi minuscoli,
        e piante che arrossano in autunno e il cui nome
significa vetro che si scioglie. Tu dicesti quanto facile

sarebbe stato farci tornare indietro, sì,
        e quanto facile restare, arrivare a un luogo
che compare solo con la marea, farsi trascinare

dentro una parola così che l'erba è carbone ruggente
        e i fiori sono orologi di sabbia, indugiare
in una parola finché è solo melodia d'aria

attraverso una conchiglia e non c'è spazio dove il cielo
        trabocca nel mare. Dovemmo camminare
dentro quell'acqua fangosa fino alla vita per arrivare

alle canne, e camminammo attraverso quel prato salato
        fino alla spiaggia che ci portava al di là della lenta
acqua maleodorante e di quel freddo mare di cotone.

To Katharine: at Fourteen Months

All morning, you've studied the laws
of spoons, the rules of books, the dynamics
of the occasional plate, observed the principles
governing objects in motion and objects
at rest. To see if it will fall, and if it does,
how far, if it will rage like a lost penny
or ring like a Chinese gong—because
it doesn't have to—you lean from your chair
and hold your cup over the floor.
It curves in your hand, it weighs in your palm,
it arches like a wave, it is a dipper
full of stars, and you're the wind timing
the pull of the moon, you're the water
measuring the distance from which we fall.

PER KATHARINE: A QUATTORDICI MESI

Per tutta la mattina hai studiato le leggi
dei cucchiai, le regole dei libri, la dinamica
di un piatto preso a caso, hai osservato i principi
che governano gli oggetti in movimento e gli oggetti
a riposo. Per vedere se cade, e, se succede,
quanto lontano, se infuria come una monetina persa
o risuona come un gong cinese—perché
non deve accadere—ti sporgi dalla tua sedia
e trattieni la tazza sul pavimento.
Si curva in mano a te, pesa nel tuo palmo,
si arcua come un'onda, è un mestolo
colmo di stelle e tu sei il vento che misura
l'attrazione della luna, sei l'acqua
che calcola la distanza da cui cadiamo.

THE LESSON

Did we walk through town, did we park
the car, did we try to see the bay
the other way round? The oysters pulled in,
was this the feast, long tables and smoke
in the park, there was a storm, we slept
in a bed high off the floor, or did we
sit in the car, you got the paper, and we waited
for day to begin? This was afternoon,
we left early, you pulled over, turned off
the car, you said you wanted to teach me
to drive. The road was narrow and stiff,
no houses, no shoulder, just mailboxes
stretched along new woods, and a sky
that buckled and bent. I couldn't see
the end. I had no idea what edema
was. I had no idea what our lives would
become. I just liked to watch you push
your seat back, your legs shift gears, the long curve
of your bones, and listen when you tried
to tell me what to do. No matter what
you tried, I couldn't figure it out. You were
trying to teach me to be without you.

LA LEZIONE

Camminammo per la città, parcheggiammo
la macchina, cercammo di vedere la baia
dall'altro lato? La raccolta delle ostriche,
era questa la festa, lunghi tavoli e fumo
nel parco, c'era burrasca, dormimmo
in un letto alto sul pavimento, oppure
ci sedemmo in macchina, tu avevi il giornale, e aspettammo
che la giornata iniziasse? Era pomeriggio,
partimmo presto, accostasti, spegnesti
il motore, dicesti che volevi insegnarmi
a guidare. La strada era stretta e ripida,
senza case, senza margini, solo cassette della posta
in fila lungo boschetti freschi e un cielo
che si piegava e curvava. Non vedevo
la fine. Non avevo idea di cosa fosse
un edema. Non avevo idea di cosa sarebbe
divenuta la nostra vita. Solo mi piaceva vederti spingere
il sedile indietro, le tue gambe cambiare le marce, la curva lunga
delle tue ossa e ascoltare quando provavi
a dirmi cosa fare. Qualunque cosa tu
provassi, non riuscivo a capire. Stavi
cercando d'insegnarmi a vivere senza di te.

TWO

DUE

WANT

Say it's that shock of air, wet meadow,
broken glass and salt. Say tongue pressing
teeth, a guttural O. Say it's the moment

before the kiss, trumpeter vine imploring,
say it's a red bell, spreading bright underneath.
Say it's the kiss. Say it turns like waves

of wild iris, hunger and the bite,
it waits outside the doors, the heavy brown doors
with the boy lying on the walk and the girl

walking the street. Say it's the shade
of ripe plums. Say shadow, say step, say voice.
Say rock lilting and winter stars, say cold breath

and vacant rooms, say it's the child swept away
and I'm empty of seasons and my little wants,
say I'm the red bark that lights in the sun.

DESIDERIO

Di' che è quel colpo d'aria, un prato bagnato,
vetro rotto e sale. Di' lingua che preme sui
denti, una "o" gutturale. Di' che è l'istante

prima del bacio, il fiore rampicante che implora,
di' che è una campanula rossa, che si stende sotto luminosa.
Di' che è il bacio. Di' che vortica come onde

di iris selvatici, la fame e il morso,
aspetta dietro le porte, le pesanti porte marrone
con il ragazzo sdraiato sul marciapiede e la ragazza

che cammina per strada. Di' che è del colore
delle prugne mature. Di' ombra, di' passo, di' voce.
Di' roccia che danza e stelle d'inverno, di' respiro freddo

e stanze libere, di' che è il bambino trascinato via
e io sono vuota delle stagioni e dei miei piccoli desideri,
di' che sono la corteccia rossa che s'illumina al sole.

BIOPSY

I sat in a chair along the wall, you lay
on the table, I could not see your face.
The room was small and white and cold,
and I can see the screen, the high ceiling,
the rise of your legs, your hips I love
to stretch over, when the doctor opens
the door, puts her hands on your back,
and starts pressing into your side. I believed
if I could be there, read everything, talk
to any doctor I could, I could, by sheer
force of will, make you well. I believed
whoever has the most information wins.
Fourteen months later you entered remission.
I thought it was over. It was only the start.

BIOPSIA

Io ero seduta su una sedia lungo il muro, tu stavi disteso
sul tavolo, non vedevo il tuo viso.
La stanza era piccola e bianca e fredda,
e posso vedere lo schermo, il soffitto alto,
il rilievo delle tue gambe, i tuoi fianchi su cui amo
distendermi, quando il medico apre
la porta, appoggia le mani sulla tua schiena,
e inizia a spingere sul fianco. Credevo
che se fossi potuta stare lì, leggere ogni cosa, parlare
con tutti i medici, avrei potuto, avrei potuto, con la sola
forza di volontà, farti star bene. Credevo
che chiunque possieda maggiori informazioni vince.
Quattordici mesi dopo ti stavi rimettendo.
Pensavo fosse tutto passato. Era solo l'inizio.

To Katharine: at Twenty Months

Nothing but water, water as you drag
the can across the walk, refuse the toy
bought especially for you, run your hand
under the spout and watch the stream
travel up your arm. You, who show nothing
but disdain for the daffodil, the snowdrop
bending on the lawn, you who can stare down
a grasshopper, block out the sun, you inspect
the daisies, crash through the cosmos,
put your nose to its orange blossoms and blow.
My million-bells, my sweet potato vine,
you who love the dandelion above all others,
you stoop to its bright face, its tiny hooks
and ferocious mane, lift up your head and roar.

PER KATHARINE: A VENTI MESI

Acqua e solo acqua, acqua mentre trascini
il secchiello lungo il marciapiede, rifiuti il giocattolo
comprato apposta per te, fai scorrere le mani
sotto la cannella e guardi il getto
risalire sul braccio. Tu, tu mostri solo
disprezzo per i narcisi, i bucaneve
che si chinano sul prato, tu puoi guardare fisso
una cavalletta, bloccare il sole, tu ispezioni
le margherite, vai pestando i fiori della cosmea,
infili il nasino nei suoi germogli arancione e soffi.
Le mie petunie, i miei rampicanti,
tu che ami il dente di leone più di tutto,
tu ti chini verso la sua faccia radiosa, i suoi piccoli ciuffi
e la criniera feroce, alzi la testa e ruggisci.

ABOVE OBERSTDORF

For two days you didn't leave the chair.
You sat with the drapes closed and the television
on, so I got you in the car. I didn't know
what else to do. I drove down small hills,
over roads raised for tiny streams, past farms
sold for larger homes. I wanted you to see
the gullies where horses stood under
buzzing trees, someone selling corn
along the road. Once, walking above
Oberstdorf, I passed a group of women
and they asked if I was scared,
and I wasn't, you were always there.
You were the man guiding me down
the Schmittenhöhe, kicking the cows' hooves,
and it was you holding my hand over
Helvellyn's scree onto the Striding Edge.
You loaned me your shoes. I wanted you
to see what I did, the path near Friedrich's
"Chalk Cliffs on Rügen," the ferry bobbing,
the stony islands I made myself walk around
and the church towers I climbed just so
I could tell you. I took you in the car.
I wanted you to see what I did, a green world
full of dark stars. Try to understand.
I wanted you back—our son was just born.

SOPRA OBERSTDORF

Per due giorni non lasciasti la sedia.
Stavi seduto con le tende tirate e la televisione
accesa, così ti portai in macchina. Non sapevo
cos'altro fare. Guidai per colline basse,
su strade rialzate su minuscoli ruscelli, oltre fattorie
vendute per case più grandi. Volevo vedere
i calanchi dove stavano ritti i cavalli sotto
il mormorio degli alberi, qualcuno che vendeva pannocchie
lungo la strada. Una volta, camminando sopra
Oberstdoft, incrociai un gruppo di donne
che mi chiesero se avevo paura,
ma io non ce l'avevo, tu eri sempre lì.
Tu eri l'uomo che mi guidava lungo
lo Schmittenhöhe, scalciando gli zoccoli delle mucche,
ed eri tu a tenermi per mano sul
ghiaione di Helvellyn sopra Striding Edge.
Mi prestasti le tue scarpe. Volevo che tu vedessi
quel che facevo, il sentiero vicino a
"Chalk Cliffs on Rügen" di Friedrich, il traghetto che andava su e giù,
le isole pietrose che mi costrinsi a percorrere
e le torri della chiesa dove salii solo per
potertelo dire. Ti portai in macchina.
Volevo che tu vedessi quel che facevo, un mondo verde
pieno di stelle scure. Cerca di capire.
Ti rivolevo indietro—nostro figlio era appena nato.

To Andrew: at Four Weeks

The barn doors yawn into the night
and the two tall pines hang their hats
on the moon and you sleep your milky sleep
while the pond swirls the clouds
like a new spoon. Even the inch-long peepers
have finally piped down and your cradle glides
with the sea's long pull as if your heart
never whirred like a bird's and your body
never heaved into the bloody light
and your mouth never let out that filmy cry
when you sank into my arms. Where does
a birth like that go? Will your arm bristle
when you put your hand on the door?
Will our skin sting when the air falls?

PER ANDREW: A QUATTRO SETTIMANE

Le porte del fienile sbadigliano nella notte
e i due pini alti appendono il cappello
sulla luna e tu dormi il tuo sonno di latte
mentre lo stagno fa turbinare le nuvole
come un cucchiaio nuovo. Anche le ranocchie lunghe un pollice
finalmente hanno smesso di fare chiasso e la tua culla scivola
con la lunga spinta del mare quasi il tuo cuore
frullasse come quello di un uccellino e il tuo corpo
mai si fosse buttato dentro la luce insanguinata
e la tua bocca mai avesse lanciato quel grido velato
quando sprofondasti tra le mie braccia. Dove va
una nascita come quella? Si arrufferà il tuo braccio
quando poggerai la mano sulla porta?
Brucerà la pelle quando l'aria si dirada?

GABRIELLE MÜNTER

"Since woman cannot be original, she can only attach herself to men's art. She is the imitatrix par excellence...the born dilettante."
—Karl Sheffler, *Die Frau und Die Kunst,* 1908

I like to think of her riding her bike,
her paint-box strapped above her wheel,
how her long skirt must have swished
above the changing gears, and how,
when she began to brake, how she lightly
jumped off. She would be wearing a hat,
the way she does in "Boating," a band
of scrunched velvet around a crown
of blue silk, the brim almost to or past
her shoulders, the top secured
with an eighteen inch pin. It would be
evening, to catch the light, and she's
tacking cardboard to the lid, and she's
somewhere above Murnau with its jumble
of roofs, houses, and barns, triangles
and squares tumbling to broad moors
or sharp hay-fields mimicking the Alps.
She's making studies in color, how
blue rings off red, red off green, how
to create the greatest range of effects
with the least number of colors, how
to reduce an object so it can be seen,
as if by looking she can uncover the shape
of things, as if by looking she can
find something she can believe.

GABRIELLE MÜNTER

*"Poiché la donna non può essere originale, può solo rifarsi all'arte degli uomini. Lei è
l'imitatrice per antonomasia...dilettante nata"*
                                    —Karl Sheffler, *Die Frau und Die Kunst,* 1908

Mi piace pensarla che va in bicicletta,
la scatola dei colori legata sulla ruota,
come doveva fruscire la lunga gonna
sopra il cambio, e come lei saltava
giù leggera. Forse portava un cappello,
come fa in "Boating", una fascia
di velluto stropicciato intorno ad una corona
di seta blu, la falda quasi oltre
le spalle, la cupoletta fermata
da una spilla lunga diciotto pollici. Sarebbe di
sera, per afferrare la luce, e lei forse sta
fissando un cartone al coperchio, e sta
da qualche parte sopra Murnau con il suo groviglio
di tetti, case, e fienili, triangoli
e quadrati che si rotolano su vaste brughiere
o aguzzi campi di fieno che imitano le Alpi.
Forse fa studi sul colore, come
il blue si dilata dal rosso, il rosso dal verde, come
creare la maggior gamma di effetti
con meno colori possibile, come
ridurre un oggetto così da farlo vedere,
come se guardando scoprisse la forma
delle cose, come se guardando
trovasse qualcosa a cui credere.

I–40, Before Albuquerque

We would lie down in the back of the car,
my parents up front talking, my father
driving, tuning the radio, my mother
quiet, a little music, and I remember my brother
reading under the blankets, he had a flashlight, and all
I could see was black and night, no stars.

I liked the quiet, the road under my back, and the stars,
I liked to pretend they were falling around the car
like snow. We could be going anywhere, all
of us wrapped in the headlong dark, my father's
grand plans, the desert, as if my brother
and I could learn the shape of silence, and my mother,

did she picture this, land impossibly flat, maps at her
feet, two thousand miles from a city where summer stars
were lights strung from block to block? Sometimes my brother
read out whole chapters, they filled the car,
The Phantom Tollbooth, Return to Gone Away, my father
half-listening, slow to laugh, truckers all

coming through the C.B., reporting ball scores, all-
nighters, the roads, and cracks about *his mother*
and *his mother* and *his mother* until my father
had to turn the radio off. I don't know if he saw the stars,
if he memorized the route or listened more to the car
and its motor, if he thought of his brother,

if they ever made plans to escape, his brother
pretending to sleep when his father came home, always
later from his other life, or maybe the car
was all that stayed in mind as my mother
rested her head against the window and the stars
were just lights from the dash. What is a father?

I–40, PRIMA DI ALBUQUERQUE

Ci stendevamo sul sedile di dietro,
i genitori davanti che parlavano, mio padre
guidava, sintonizzando la radio, mia madre
silenziosa, un po' di musica, e ricordo mio fratello
che leggeva sotto le coperte, aveva una pila, e io
potevo vedere solo il nero e la notte e non le stelle.

Mi piaceva il silenzio, la strada dietro di me, e le stelle,
mi piaceva far finta che cadessero intorno alla macchina,
come neve. Potevamo andare ovunque, noi tutti
avvolti nel buio travolgente, i grandi progetti
di mio padre, il deserto, come se mio fratello
e io potessimo imparare la forma del silenzio, e mia madre,

si era raffigurata questo, una terra piatta fino all'impossibile, le mappe
ai piedi, duemila miglia da una città dove le stelle d'estate
erano luci in fila fra un isolato e l'altro? A volte mio fratello
leggeva ad alta voce interi capitoli, riempivano la macchina,
The Phantom Tollbooth, Return to Gone Away, mio padre
che ascoltava a metà, restio a ridere, i camionisti

che parlavano attraverso la radio C.B., annunciavano i risultati delle partite,
nottambuli, le strade, e battute su *sua madre*
e *sua madre* e *sua madre* finché mio padre
doveva spegnere la radio. Non so se vedeva le stelle,
se memorizzava le strade o se ascoltava piuttosto la macchina
e il suo motore, se pensava a suo fratello,

se avevano mai fatto piani per scappare, il fratello
che fingeva di dormire quando il padre tornava a casa, sempre
tardi, dall'altra sua vita, o forse la macchina
era tutto ciò che aveva in mente mentre mia madre
appoggiava la testa al finestrino e le stelle
erano solo luci dal cruscotto. Che cosa è un padre?

What does he do? Run like his father,
hop on a train and sail to Brazil? My brother
and I, if I asked him, would he remember the stars,
getting out of the car in the middle of the night, all
around us a bright patch of light, our mother
bringing us into the diner, stepping away from the car

so we could put on pajamas, my father pulling the car
up to the door, my brother, mother and me all looking
at the cakes rotating in the display, nothing like stars.

Che cosa fa? Scappa come suo padre,
salta su un treno e naviga per il Brasile? Mio fratello
e io, se glielo chiedessi, si ricorderebbe le stelle,
quando scendevamo dalla macchina nel cuore della notte,
tutt'intorno a noi una luminosa chiazza di luce, nostra madre
che ci portava al ristorante sulla strada, allontanandoci dalla macchina

per metterci il pigiama, mio padre che accostava la macchina
fino alla porta, mio fratello, mia madre e io tutti a guardare
le torte che ruotavano in mostra, nulla come le stelle.

To Katharine: at Two

who runs past black bucket swings, sand,
bowls, and broken cups, past animals
that rock on heavy springs, who hoists herself
on the merry-go-round, waits for me,
who wobbles like a drunken sailor, who tilts
and whirls, wound-up clock without a key.
Carnival hypnotist, lazy pinwheel, master
of music-box pirouettes, you unfurl with the sun,
one hand over your head like in your first sleep.
You stamp your feet, fandango, and your arms
are cloud, your shoes are rain, you twirl
like a leaf, you dangle your castanets, you leap
off this spinning world, your arms are loaded
with stars, your arms are whorled with flowers.

PER KATHARINE: A DUE ANNI

lei che corre oltre le altalene coi sedili neri, sabbia,
ciotole e tazze rotte, oltre animali
che dondolano su molle grosse e pesanti, lei che
si issa sulla giostra, mi aspetta,
lei che barcolla come un marinaio ubriaco, che si inclina
e volteggia, un orologio caricato senza chiave.
Ipnotizzatrice da lunapark, girandola pigra, maestra
di piroette da carillion, ti dispieghi al sole,
una mano sul capo come nel tuo primo sonno.
Batti i piedi, un fandango, e le tue braccia
sono nuvole, le tue scarpe sono pioggia, ruoti
come una foglia, fai dondolare le tue nacchere, salti
via da questo mondo che gira, le braccia cariche
di stelle, le tue braccia che sono a spirali di fiori.

Birthday Poem

On February 27, 1969, I don't need to look it up, Macy's or Gimbel's
was having a sale. Winter or white, it doesn't matter, they had stuff

to sell and they were going to sell it, and I'd bet real money
if I opened the classifieds, I'd see someone looking to hire a cook

or Girl Friday, someone offering their services as a handyman
or hoping to unload a sofa, cheap. I know Americans were bombing

Cambodia while the Vietcong was bombing Saigon, the sea
had not yet begun to rise though temperatures had, and the Grateful Dead

played the Fillmore the first of four nights—the record is still available,
you can buy a boxed set. My father was not there, though he was nearby,

nor was my mother, who was at her parents' in the Bronx waiting for labor
to begin. It was my grandmother who recognized the moment and dragged

garbage cans into the street to save the space before dropping my mother off
at the hospital where she would be shaved, put under, not to meet me

until the next day when the nurse entered the room, muttering,
"Poor thing." The earth did not stand still, no one experienced

a grand transformation. The wind outside my mother's window
continued to blow as the Number 6 rolled along its tracks in a city

that had yet to emerge from three feet of snow. When I was five or six,
my mother explained how a child comes to be. She made a pencil dot

and said the dot was the egg that was me. When I asked
what would have happened if *that* sperm she also drew did not fertilize

that egg, she looked at me and said, "You would still be you,
you would just be somebody else," not knowing, I think, what box

it was she opened up. Call it dumb luck or simply chance
as to why a man took one door and not another, why he stopped to read

POESIA PER UN COMPLEANNO

Il 27 febbraio 1969, non c'è bisogno che controlli, Macy's o Gimbel's
facevano le svendite. Per l'inverno o per la biancheria, poco importa, avevano

roba da vendere e l'avrebbero venduta, e, ci scommetterei denaro contante,
se avessi letto gli annunci, avrei trovato qualcuno che cercava un cuoco

o una Ragazza Venerdì, qualcuno che offriva i suoi servizi tuttofare
o che sperava di liberarsi di un divano, a poco prezzo. So che gli americani
                                                        [bombardavano

la Cambogia mentre i Vietcong bombardavano Saigon, il mare
ancora non si sollevava ma la temperatura sì, e i Grateful Dead

suonavano Fillmore le prime quattro sere—il disco è ancora disponibile,
si può comprare in un cofanetto. Mio padre non c'era, anche se era vicino,

né c'era mia madre, che stava dai genitori nel Bronx aspettando l'inizio
del parto. Fu mia nonna che riconobbe il momento e trascinò

i bidoni della spazzatura sulla strada per fare posto prima di lasciare mia madre
all'ospedale dove l'avrebbero rasa, anestetizzata e non mi avrebbe vista

fino al giorno dopo quando l'infermiera entrò nella stanza, mormorando
"Poverina." La terra non si fermò, nessuno provò

una grande trasformazione. Il vento fuori della finestra di mia madre
continuava a soffiare mentre il tram numero 6 correva lungo i binari in una città

che ancora doveva riemergere da sotto tre piedi di neve. Quando avevo
                                                    [cinque o sei anni
mia madre mi spiegò come nascono i bambini. Fece un puntino con la matita

e disse che il puntino era l'ovulo che ero io. Quando chiesi
cosa sarebbe successo se quello spermatozoo che pure aveva disegnato non
                                                        [avesse fertilizzato

*quell'*ovulo, mi guardò e disse: "Tu saresti lo stesso tu,
saresti solo qualcun'altra", senza sapere, penso, quale mistero

the headlines or started to run down the platform to catch a certain train,
why he set off one chain of events and not another, a chain that could have been

long or short or never occurred at all, that I am one set of particles
and you are another, that you are here by a series of events

as equally unlikely as me. It would be nice to say x happened
and *it was good,* but I can't despite the definite attraction of making

some larger claim. It's the very tenuousness of each moment
that weighs on me, that I try to ignore so I can go about my day knowing

something as simple as a spilled cup of coffee could keep us from lying
in this particular bed on this particular night with these very particular children

sleeping between us with the windows and curtains open and morning
about to begin when all of it could, conceivably, have never,

will never, have happened again. Lie with me, love, hold me,
grab onto the sheets, batten down the pillows, float with me

in this bed over the treetops and out-of-tune birds, let us sail out
into morning, come what may, over the abyss.

spalancava. Chiamala fortuna cieca o solo caso
perché un uomo ha scelto una porta invece di un'altra, perché si è fermato

a leggere i titoli o perché ha corso lungo i binari per prendere un certo treno,
perché ha messo in moto una catena di eventi o un'altra, una catena che poteva

essere lunga o corta o mai accadere del tutto, che io sono una sequenza di
                                                                    [particelle
e tu un'altra, che tu sei qui per una serie di eventi

improbabili come me. Sarebbe bello dire una tal cosa è successa
ed *era buona,* ma non posso, malgrado la precisa attrazione di

una pretesa più ampia. È la grande inconsistenza di ogni momento
che mi pesa addosso, che cerco di ignorare per affrontare la giornata sapendo

che una cosa così semplice come una tazza di caffè rovesciata potrebbe
                                                            [impedirci di coricarci
proprio su questo letto proprio questa notte proprio con questi bambini

che dormono fra di noi con le finestre e i vetri aperti e la mattina
che sta per iniziare quando tutto ciò plausibilmente potrebbe non essere mai

non sarà mai, successo di nuovo. Vieni a stenderti con me, amore mio,
                                                            [abbracciami,
aggrappati alle lenzuola, avvolgici tra i cuscini, librati con me

su questo letto sopra le cime degli alberi e uccelli stonati, lascia che
salpiamo nel mattino, qualunque cosa accada, sopra l'abisso.

To Andrew: at Three Months

Look, the snow curls like a ruffled scarf
around our neighbor's shed and the cedars,
they've donned their long gloves to join us
this fine evening with the fence-posts draped
in their Spanish shawls. What do you make
of the little waves the wind makes and the way
your sled bumps and scrapes up the hill?
I put the mail under your feet, the paper under
your head, you open your mouth, let a few notes
go, and you're a coachman rattling your reins,
a snow-plow salting the night, you measure
the sky's circumference, and you're the boy
on the corner ringing your bell, waving your arms,
shouting the news to the dark, speeding world.

PER ANDREW: A TRE MESI

Guarda, si arrotola la neve come una sciarpa stropicciata
intorno al capanno del vicino e i cedri
hanno indossato i loro lunghi guanti per unirsi a noi
in questa dolce sera con i paletti della staccionata drappeggiati
nei loro scialli spagnoli. Cosa ne pensi
dei refoli che fa il vento e di come
la slitta sobbalza e struscia lungo la salita?
Ti metto la posta sotto i piedini, il giornale sotto
la testa, apri la bocca, lasci andare alcune note,
e sei un cocchiere che schiocca le redini,
uno spazzaneve che getta sale nella notte, misuri
la circonferenza del cielo, e sei il ragazzo
sull'angolo che suona la campanella, mentre agiti le braccia,
gridando notizie al buio mondo che corre.

Barlach's "Floating Angel"

*"We have to put a stop to the liberalistic carryings on of a Mecklenburg artist, who
created war memorials in the worst, twisted bolshevik manner. And I hope that the
last traces of his terrible works are soon removed from the places they still occupy,
as has already been done in Magdeburg. He is alien to our nature and therefore we
cannot exist with him in the same spiritual and thus cultural community."*
                        —Friedrich Hildebrandt, Governor of Mecklenburg
                                Niederdeutscher Beobachter, June 2, 1935

Black, heavy, hung on iron rods, the original
sent to Schwerin for "military economic utilization,"
this casting made from a cast buried

in the bombed and wasted heather, buffed
to a dull shine, she has no wings,
and her eyes are closed. We are in Güstrow,

in the cathedral, and we are taking a tour
of washed and painted brick when the guide
takes us around a corner, points to a rail,

begins talking about Barlach, the Reich,
his radio addresses, letters and petitions,
how his neighbors removed his sculptures,

burned his prints, how one morning his heart
stopped, and the war went on. She hovers
above us weightless, as if she has almost come

into being, as if she already has
and the idea were what it is to be human,
what it is to be present while still here on earth.

L' "ANGELO CHE VOLA" DI BARLACH

"Dobbiamo mettere fine alle dimostrazioni liberalistiche di un artista del Mecklenburg, che ha creato memoriali di guerra nella peggiore e contorta forma bolscevica. E spero che le ultime tracce dei suoi orribili lavori saranno presto rimossi dal posto che occupano ancora, come è già stato fatto a Magdeburg. È alieno alla nostra natura, per cui noi non possiamo esistere insieme con lui nella stessa comunità spirituale e culturale."
—Friedrich Hildebrandt, Governatore del Mecklenburg
Niederdeutscher Beobachter, 2 giugno, 1935

Nero, pesante, appeso ad aste di ferro, l'originale
spedito a Schwerin per "utilizzo economico militare,"
quest'opera fusa da una forma interrata

sotto l'erica bombardata e devastata, lucidata
fino a una lucentezza opaca, non ha ali,
e ha gli occhi chiusi. Siamo a Güstow,

nella cattedrale, e stiamo facendo un giro
di mattoni lavati e dipinti quando la guida
ci porta dietro un angolo, addita una balaustra,

comincia a parlare di Barlach, del Reich,
dei suoi discorsi alla radio, lettere e petizioni,
di come i vicini rimossero le sue sculture,

bruciarono le sue stampe, di come una mattina il suo cuore
si fermò e la guerra continuò. L'angelo si libra
sopra di noi senza peso, come se stesse quasi

per vivere, come se lo avesse già fatto
e l'idea fosse cosa è essere umani,
cosa è essere presenti mentre ancora qui sulla terra.

To Andrew: at Fourteen Months

When I go to toss some dirty rag
into the bucket under the sink and find instead
a pile of dirty rags, I know you're not far.
You're somewhere in the house with my bucket.
Specifically, you're somewhere inside
the bucket and you want me to drag you across the floor.
Tourist enjoying an Alpine gondola, man
in a barrel going over Niagara Falls,
you squeeze yourself down like a single sardine,
you scrunch yourself over. Jack-crammed-in-the-box,
bobsled driver, runaway subway under Lexington Ave.,
you press yourself down, you spill yourself over.
You navigate the reedy waters. What is it
you want to say? What is it you want to discover?

PER ANDREW: A QUATTORDICI MESI

Quando vado a gettare stracci sporchi
nel secchio sotto il lavandino e invece trovo
una pila di stracci sporchi, lo so che non sei lontano.
Sei da qualche parte per casa con il mio secchio.
Più precisamente, sei da qualche parte dentro
il secchio e vuoi che io ti trascini in giro sul pavimento.
Turista che si gode una funivia sulle Alpi, uomo che
dentro una botte si lancia sulle cascate del Niagara,
ti stringi dentro come un'unica sardina,
ti raggomitoli tutto. Jack-in-the-box-schiacciato dentro,
pilota di slitta, fuggiasco nel sottopassaggio a Lexington Avenue,
ti appiattisci, ti rovesci.
Navighi fra acque e canneti. Cosa
vorresti dirmi? Cosa vorresti scoprire?

OFF EASTHAM

That day we hid our shoes and walked into a bay
of flat sky and crumbling shells, long channels
of green ribbon, pools darker than jade,
the water was clear and gray and warm,
and behind us, sandy lanes, thin, orange lilies,
moppy hydrangeas, must and mold
threatening rain. We waded to where
the floor dropped and a few boats rocked
on the waves. We stood there, maybe
a minute, before turning back, and I could
almost believe nothing mattered but *sea*
and *night* and *moon,* stiff dunes and empty houses,
briny meadows and salty woods. If the stars
came in with the tide and the wind was cold stones,
we didn't see it, only clouds swept by brooms
and birds reeling overhead. Was this
the moment to choose? Did we feel the water lift,
or was the sky beyond repair?
I want to believe in moments when the world
is as luminous as the sea, when looking
over the water everything is lit
from within, when light becomes language
transformed and the sun is a marsh gone gold,
a tide laid bare, night rising like a river
and your breath sharp and warm
when we wake on the other shore.

VICINO A EASTHAM

Quel giorno nascondesti le scarpe e camminasti verso una baia
di cielo liscio e conchiglie frantumate, canali lunghi
di nastro verde, specchi d'acqua più scuri della giada,
l'acqua era chiara e grigia e calda,
e dietro a noi sentieri di sabbia, sottili gigli arancioni,
ortensie a masse, marcio e muffa
che minacciavano pioggia. Guadammo fin dove
il fondo precipitava e alcune barche rollavano
sulle onde. Restammo lì, forse
un minuto, prima di tornare indietro, e potevo
quasi credere che niente conta tranne il mare
e la notte e la luna, dune compatte e case vuote,
prati salmastri e cespugli salati. Se le stelle
arrivarono con la marea e il vento era freddo e pietroso,
noi non lo vedemmo, solo nuvole spazzate dalle scope
e uccelli che roteavano in alto. Era questo
il momento di scegliere? Sentivamo l'acqua che cresceva,
o era il cielo irreparabile?
Voglio credere nei momenti in cui il mondo
è luminoso come il mare, quando guardando
sopra l'acqua ogni cosa è illuminata
da dentro, quando la luce diventa un linguaggio
trasfigurato e il sole è una palude che si è fatta d'oro,
una marea messa a nudo, la notte si solleva come un fiume
e il tuo fiato aspro e caldo
quando ci svegliamo sull'altra sponda.

THREE

TRE

The Field

One warm July evening, the mothers on my street hung up their phones. They dried their hands and stepped away from their kitchen sinks. Some put milk back in the fridge. Some shut off the oven flames. They went outside and called for their children. They called them to come in. In driveways, on decks or front steps, maybe shielding their eyes or opening them wide into the growing dark, some may have touched their children lightly, some may not have looked at their children at all. They went inside and locked their doors. In ones and twos, after the dishes were washed and put away, after their children watched t.v. and were ready for bed, mothers and fathers sat their children down and told them Kristy Miller was dead. She was found in the field, near the path to the store. Someone killed her. No one would be allowed outside. They did not say when it would be safe to go outside again.

I did not know Kristy well. What I remember is that she played the clarinet. She marched ahead of me in band, her blond head bobbing as she stepped in time and made crisp turns. I can see her watching the feet in front of her, standing straight as our band teacher checked the lines. I remember playing in the dry heat of late summer, the strong light on the athletic fields. I can see her standing in her royal blue jacket and white skirt before a parade, the old trees in town arching over us as we head towards the lake. I can see her sitting behind her music stand, her eyes moving across the bars, her hand ready to turn the page. She wore her hair pulled back, almost on top of her head. Her brother played trombone. When the music teacher left the room, he and the other boys made everyone laugh by blowing cotton balls through their horns.

When I think about my childhood what comes back is not a particular time or place but a feeling of speed and buoyancy, the roar in my ears, the cool on my skin, a kind of revved-up happiness that I have, for better or worse, sought to recreate off and on my entire adult life. Running down the street or through a neighbor's yard, it didn't matter where I was going. It was just the fact of racing behind school and climbing over stone walls, zipping around the marina and clomping down the graying docks, entering the field to make bouquets and crowns, to make perfume, to see who liked butter. I remember walking home from school in kindergarten, first and second grade, walking past old houses that seemed to tower and tip, admiring a star magnolia, reaching up into a mulberry tree stained blue.

When I was pregnant with my first child, my husband and I began looking for a house. We wanted a neighborhood with children, with kids in driveways and bikes on lawns. We never found it. In the nine years

IL CAMPO

Una calda sera di luglio le madri della nostra via riagganciarono la cornetta. Si asciugarono le mani e si allontanarono dai lavabi. Qualcuna rimise il latte in frigo. Qualcuna spense il forno. Andarono fuori e chiamarono i figli. Li chiamarono che rientrassero. Sulle strade, sulle soglie o sugli scalini d'entrata, forse socchiudendo gli occhi o spalancandoli nel buio incalzante, qualcuna magari sfiorò i figli, qualcuna forse non li guardò nemmeno. Entrarono e serrarono la porta. In una o due case, lavati e riposti i piatti, dopo che i bambini avevano guardato la tivù ed erano pronti per andare a letto, madri e padri fecero sedere i figli e dissero loro che Kristy Miller era morta. Era stata trovata nel campo, vicino al sentiero che conduceva all'emporio. Qualcuno l'aveva uccisa. A nessuno era permesso uscire. Non avevano detto quando sarebbe stato permesso di uscire di nuovo.

Non conoscevo bene Kristy. Quello che ricordo è che suonava il clarinetto. Marciava di fronte a me nella banda, i suoi capelli biondi sobbalzavano quando cambiava passo a tempo e svoltava bruscamente. Posso vederla mentre guarda i piedi di chi le stava fronte, stando ritta mentre il nostro maestro di banda controllava le file. Mi ricordo quando suonavo nel caldo asciutto di tarda estate, la luce forte sui campi d'atletica. Potevo vederla in piedi in giacca blu royal e camicetta bianca davanti alla parata, i vecchi alberi della città che si arcuavano su di noi mentre procedevamo verso il lago. Posso vederla mentre si siede dietro lo spartito, i suoi occhi che si muovono fra le note, la mano pronta a voltar pagina. Portava i capelli tirati indietro, quasi in cima alla testa. Suo fratello suonava il trombone. Quando l'insegnante di musica lasciava la stanza, lui e gli altri ragazzi facevano ridere tutti soffiando batuffoli di cotone attraverso gli strumenti.

Quando penso alla mia infanzia, ciò che ritorna non è un particolare momento o luogo, ma una sensazione di velocità e slancio, il ruggito nelle orecchie, il fresco sulla pelle, una sorta di accelerazione di felicità che ho, bene o male, cercato di ricreare per tutta la mia vita adulta. Che corressi lungo una strada o attraverso il giardino di un vicino, non contava dove stavo andando. Era solo il fatto di correre dietro la scuola, scavalcare muri di pietra, sfrecciare attorno alla marina o galoppare giù sulle banchine grigie, entrare nel campo per fare mazzolini e corone di fiori, estrarne i profumi, scoprire il linguaggio dei fiori. Mi ricordo di quando camminavo da scuola verso casa, in prima e seconda elementare, passando davanti a vecchie case che sembravano torri appuntite, ammirando una magnolia, toccando un gelso macchiato di blu.

Quand'ero incinta del mio primo figlio, mio marito ed io cominciammo a cercare casa. Volevamo un quartiere con bambini, con ragazzi sulle strade e biciclette sui prati. Non l'abbiamo mai trovata. Nei nove anni che abbiamo

we have lived in our Baltimore suburb, I have only seen children outside a handful of times. It is so unusual to see kids that, this summer, when I saw a group of boys walking their bikes ahead of my car, I took another look. I don't see impromptu games of baseball or kids ringing bells. There are no bike-stands in front of stores. Even with parents who are home, everything is scheduled, everything is arranged. I regularly make playdates for my children one, sometimes two weeks ahead. My mother says that when I was small, children would walk into our house and ask if I could play, no bell, no knock. She would turn around to find two or three kids in the kitchen, kids who must have wandered by the porch, reached over the Dutch door, and let themselves in.

My family moved from New Jersey to the edge of the Chicago suburbs when I was almost eight, and as we got older my friends and I went further from home, riding our bikes on paths other children's tires had made along the side of the road. We went through thick fields of prairie grass that ran for ten or twenty acres, land from abandoned farms and patches still wild, grasses like big bluestem, Indian, dropseed and switch, grasses that grew past six feet and blew like an ocean and whose blousy heads rippled and cracked in the wind. We went through the fields to buy ice cream, to thumb through the latest *Choose Your Own Adventure,* to scan certain pages of Judy Blume. If we had time we rode into town and went to the movies or followed the Prairie Path to fields where we could count trains—Union Pacific, Illinois Central, Burlington Northern, Santa Fe. In school I learned that underneath me there once was an inland sea, a giant fern forest, that glaciers came and scraped the land clean, that prairie grass once stretched from Indiana to Texas, from Texas to Canada, and that the word prairie comes from the French *prerie.* I liked picturing those worlds just as much as I liked the school film *Powers of Ten* by Charles and Rae Eames, which shows a man on a blanket, the man and a woman, zooming out by powers of ten to Soldier Field, Chicago and Lake Michigan, then the Earth to the edge of the universe before coming back down to the man on the blanket and inside his hand to a carbon atom, a proton, and finally stopping at quarks, which bore a striking resemblance to the stars. That there were worlds within worlds, like the Christmas windows along Michigan Ave., was something I found, still find, deeply appealing.

The paths were everywhere. We rode them in our swim-suits to the pool. We stood up on our bikes after picking up speed. We took the path along the river where older kids dug large holes, dragged in pieces of carpet, maybe a table or busted couch so they could sit under the cottonwoods and

vissuto nei sobborghi di Baltimora, ho visto bambini giocare fuori solo una manciata di volte. È così raro vedere bambini che, quest'estate, quando ho visto un gruppo di ragazzi in bicicletta davanti alla mia auto, ho guardato due volte quasi a cercar conferma. Non vedo improvvisare partite di baseball né ragazzini che suonano i campanelli. Non ci sono sit-in di biciclette davanti ai negozi. Persino quando i genitori sono a casa, tutto è programmato, predisposto. Io stessa, quando faccio venire gli amichetti dei miei bambini a casa per giocare, fisso l'incontro una o anche due settimane prima. Mia madre dice che, quand'ero piccola, i bambini non bussavano, non suonavano il campanello: venivano a casa e chiedevano se potevo giocare. Si girava e trovava due o tre ragazzini in cucina, magari capitati vagabondando in veranda ed entrati per la porta sul retro, e li lasciava fare.

La mia famiglia si trasferì dal New Jersey all'estremità della periferia di Chicago quando avevo quasi otto anni, e quando eravamo più grandi i miei amici e io pedalavamo sempre più lontano da casa lungo sentieri già segnati dai pneumatici di bicicletta di altri bambini. Andavamo attraverso i campi fitti d'erba della prateria, che si estendeva fino a dieci o venti acri, terra di fattorie abbandonate e spiazzi ancora selvaggi, di splendide piante della prateria che crescevano fino a sei piedi e soffiavano come un oceano e le cui scompigliate chiome ondeggiavano e schioccavano nel vento. Attraversavamo i campi per comprarci il gelato, per sfogliare l'ultimo numero di *Choose Your Own Adventure,* dare un'occhiata a certe pagine di Judy Blume. Se avevamo tempo, pedalavamo in città e andavamo al cinema o sul Prairie Path, il sentiero che conduceva ai campi, dove potevamo contare i treni — l'Union Pacific, l'Illinois Central, il Burlington Northern, il Santa Fe. A scuola imparai che sotto di me una volta c'era stato un mare interno, una gigantesca foresta di felci, che i ghiacciai erano venuti e avevano ripulito la terra, che l'erba della prateria una volta si estendeva dall' Indiana al Texas, dal Texas al Canada, e che la parola prateria deriva dal francese *prerie.* Mi piaceva immaginare quei mondi quanto mi piacevano i film che ci facevano vedere a scuola. Mi è piaciuto immaginare quei mondi tanto quanto mi piaceva *Powers of Ten* di Charles e Rae Eames, che mostra un uomo su una coperta, poi l'uomo e una donna, poi, secondo una successione logaritmica basata sul dieci, via via lo zoom inquadra Soldier Field, Chicago e il Lago Michigan, poi la Terra, l'Universo, prima di ritornare all'uomo sulla coperta e dentro alla sua mano a un atomo di carbonio, a un protone, e finalmente si ferma a un quark, che somiglia a una stella. Che ci fossero mondi dentro mondi, come le finestre natalizie lungo Michigan Avenue, era qualcosa che trovavo, e ancora trovo, profondamente affascinante.

I sentieri erano ovunque. Li attraversavamo in bicicletta, in costume da bagno, per andare allo stagno. Ci issavamo sulle bici dopo aver preso velocità. Pigliavamo il sentiero lungo il fiume, dove ragazzi più grandi scavavano larghe buche, vi trascinavano dentro brandelli di tappeti, magari un tavolo o un divano usurato, così potevano sedersi sotto gli alberi di cotone e

smoke. Sometimes we sang *Dinah* and *Clementine, New York, New York, Ode to Joy* and Beethoven's *Fifth*. There were theme songs and commercials, *Grease* and *Annie*. We would ride and sing in half-built subdivisions past houses sitting on land that had been sold to make way for Chicago's westward sprawl. We liked to sail down the smooth, black pavement of roads without names to explore half-built houses, climb half-way up open stairs, calling each other's names before examining stray nails and small blocks of sawed-off wood.

We were good girls. We got good grades. We followed the rules. My mother tried to scare me with stories about her Italian family in the Bronx, what happened when you did not do as you were told, what happened when you went too far, what would happen to me if I tried to do any of these things. She would tell me stories while cooking or driving: who ruined their lives because of drugs, who leapt off a building, who jumped in front of a train. There was the story of the cousin murdered by his mother to get at my mother's uncle, the aunt molested by her brothers who later jumped off the Manhattan Bridge, the dog who killed the baby, the cousin who killed the dog, the cousin who killed a boy with a pipe, the cousins sent to jail. I tried to picture my mother cracking open her apartment door, telling the money-lenders my grandmother was not inside, sitting at a bar with her transvestite cousin high on PCP, giving up her bed, the sofa, for the people her mother took in. They were what she wanted to leave when she first moved from 183rd Street to Riverdale, to Mountain Lakes, and beyond. My mother's stories are what made me a good girl.

What I couldn't get enough of were stories about children who called all the shots. They were not tame like *B is for Betsy* or *C is for Cupcake*. They were not quiet like *Little House on the Prairie*. They were not full of symbols like Narnia. They were stories I could step into like the boy who explored the bottom of the sea in *The Five Chinese Brothers*. One of my favorite books was *The Girl Who Owned a City,* in which a virus killed everyone over twelve years old. Lisa and her brother have to figure out how to survive on their own. Since the story is set in my town, Glen Ellyn, the story seemed almost real; I could clearly picture where Lisa went as she and her brother secured groceries, fought off rival gangs, and set up a city of child-families in the town high school, a city that Lisa ruled. The story I absolutely adored, the one I found in the library myself was *The Mixed-Up Files of Mrs. Basil E. Frankweiler* about a girl named Claudia who runs away to the Met. Not one for discomfort, she recruits her brother to bankroll the expedition with money he saved from cards. They explore the museum at night, sleep in

fumare. Talora cantavamo *Dinah* e *Clementine, New York, New York, Ode to Joy* e la *Quinta di Beethoven.* C'erano ritornelli di canzoni e pubblicità, *Grease* e *Annie.* Pedalavamo e cantavamo tra vecchie case di quartieri costruiti a metà su terre che erano state vendute per lasciare spazio all'espansione di Chicago verso ovest. Ci piaceva navigare fra morbide strade senza nome lastricate in nero, per esplorare le case abbandonate a metà, arrampicarci sulle scale dimezzate e all'aperto, prendendoci in giro prima di esaminare chiodi sparsi e piccoli blocchi di legno mozzato.

Eravamo brave ragazze. Avevamo buoni voti. Obbedivamo alle regole. Mia madre cercava di spaventarmi con storie della sua famiglia nel Bronx, quello che sarebbe capitato quando non facevi quello che ti si diceva di fare, quando andavi oltre, se avessi mai provato a fare una di queste cose. Mi raccontava storie mentre cucinava o guidava: chi s'era rovinato la vita per la droga, che s'era gettato da un palazzo, chi s'era buttato sotto un treno. C'era la storia del cugino di mia madre ucciso da sua madre per odio allo zio di mia madre, la zia molestata dai fratelli che si sarebbe lanciata dal Manhattan Bridge, il cane che aveva ucciso il bambino, il cugino che aveva ucciso il cane, il cugino che aveva ucciso un ragazzo con un tubo, i cugini finiti in galera. Cercavo d'immaginare mia madre che parlava con gli usurai attraverso la feritoia della porta per dir loro che mia nonna non era in casa, me la immaginavo seduta al bar col mio cugino travestito e imbottito di fenciclidina, dare il suo letto, il sofà, alla gente che sua madre portava a casa, quella gente che desiderava lasciarsi alle spalle quando si trasferì dalla Centoottantreesima Strada a Riverdale, poi a Mountain Lakes, e via dicendo. Le storie di mia madre son quelle che fecero di me una brava ragazza.

Le storie di cui non avevo mai abbastanza erano quelle con bambini che si ritrovavano ad avere il comando ed enormi responsabilità. Non erano monotoni come *B is for Betsy* o *C is for Cupcake.* Non erano pacifici come *Little House on the Prairie.* Non erano pieni di simboli come Narnia. Erano storie in cui potevo calarmi come il ragazzo che esplorava il fondo dell'oceano in *The Five Chinese Brothers.* Uno dei miei libri favoriti era *The Girl Who Owned a City,* in cui un virus uccideva chiunque avesse più di dodici anni. Lisa e suo fratello dovevano capire come sopravvivere da soli. Poiché la storia è ambientata nella mia città, Glen Ellyn, la vicenda mi sembrava verosimile; potevo vedere con chiarezza dove andava Lisa quando lei e suo fratello si procacciavano i viveri, combattevano le gang rivali, e organizzavano una città di famiglie di bambini all'interno della scuola superiore della città, guidata dalla stessa Lisa. La storia che assolutamente adoravo, che trovai in biblioteca, era *The Mixed-Up Files of Mrs. Basil E. Frankweiler,* su una ragazza di nome Claudia che scappa per andare al Met. Non incline alle cose scomode, recluta suo fratello per sovvenzionare la spedizione col denaro che lui aveva risparmiato grazie alla vendita delle figurine. Esplorano il museo di notte, dormono in letti eleganti, imparano

fancy beds, learn about art by joining school groups, and research an angelic statue that may (or may not) have been made by Michelangelo. As far as I was concerned, books did not get better than that.

My friends and I liked to tell stories at slumber parties, stories we made up as we went along, stories we told to scare the living daylights out of ourselves as we sat on our sleeping bags and snuck soda from upstairs. We played Light as a Feather, Stiff as a Board and rested our fingers on a Ouija disc. When we were sure our parents were asleep, we put our coats over our nightgowns and crept outside, walking, sometimes running through the empty streets, maybe trying to spot one of the few constellations we knew. I don't remember feeling afraid, just the excitement of being out in the dark. Sometimes we walked aimlessly, from street to street, and sometimes, with rolls of pink and blue toilet paper, we headed for one of the few houses with big trees. We let ourselves believe we were different from the kids who soaped car windows, threw eggs, or wrote in shaving cream. We had no intention of humiliating anyone from school. All we wanted was to admire the way the paper floated through the open branches. All we were afraid of was over-throwing the tree and hitting a window with an unwinding roll.

While we never thought anything bad could happen to us, we knew bad things happened to other kids. When I was small, in New Jersey, my mother warned us not to play in the leaves; we could get swept up by the street sweeper like the child in the news. During Chicago's winters, the plows piled snow high along the streets; children made tunnels that sometimes collapsed. A boy was hit by a car on Route 53 playing chicken; he did not return to school. Our neighbor's oldest son walked straight into traffic in the middle of the day. The firemen had to wash the blood off the road with a hose. His mother insisted on an open casket so everyone could see. My family moved around when I was in high school, and at each of my schools, in Illinois, Baton Rouge, and New York, someone had already, or soon would crash up a car and someone died or was paralyzed or disfigured. The accidents didn't stop anyone from drinking late or driving fast on roads heavy with trees. One of the people I remember best is the cheerleader in Baton Rouge whose face was rendered unrecognizable by a wreck. She was in the passenger seat of an open convertible. The yearbook ran a photo of her from the year before.

As the news of Kristy Miller's murder made its way through the subdivision and the subdivisions nearby, the police parked at the entrance to the field and marked it off with yellow tape. Eventually the details came out. Kristy went to the store for candy and something to drink. Inside she

l'arte unendosi a comitive scolastiche, e cercano una statua angelica che forse (o forse no) era stata scolpita da Michelangelo. Per quello che mi riguarda, non c'era libro migliore.

I miei amici ed io amavamo raccontarci storie alle nostre feste in pigiama, storie inventate al momento, storie per spaventarci a morte mentre stavamo nei sacchi a pelo e rubacchiavamo bibite gassate di sopra. Giocavamo a Light as a Feather, Stiff as a Board e riposavamo le nostre dita sulla tavola ouija. Quando eravamo sicuri che i nostri genitori fossero addormentati ci mettevamo i cappotti sopra le camicie da notte e sgattaiolavamo fuori, camminando, talora correndo lungo strade vuote, magari cercando di adocchiare una delle poche costellazioni che conoscevamo. Non ricordo d'avere mai avuto paura, solo l'eccitazione d'essere fuori nel buio. Qualche volta camminavamo senza meta, di strada in strada, e qualche volta, con rotoli di carta igienica rosa e blu, ci dirigevamo verso una delle poche case con grandi alberi. Ci piaceva credere d'essere differenti dai ragazzi che insaponavano le auto, gettavano uova, facevano scritte con la schiuma da barba. Non avevamo intenzione di umiliare nessuno a scuola. Tutto quello che volevamo era ammirare come la carta fluttuasse tra i rami. Tutto quello di cui avevamo paura era di lanciare un rotolo ancora compatto oltre l'albero, colpendo una finestra della casa.

Non pensavamo mai che qualcosa di male potesse accaderci, ma sapevamo che cose brutte accadevano agli altri ragazzi. Quando ero piccola, in New Jersey, mia madre ci proibiva di giocare fra le foglie, perché ci poteva capitare d'essere colpiti dalla spazzatrice meccanica com'era capitato, diceva il giornale, a un bambino. Durante gli inverni di Chicago le macchine spalaneve accumulavano banchi di neve lungo le strade e i ragazzi vi costruivano tunnel che talora collassavano. Un ragazzo era stato investito da un'auto mentre faceva uno di quei giochi in cui ci si misura il coraggio, e non era più tornato a scuola. Il figlio maggiore del nostro vicino aveva camminato dritto nel traffico nell'ora di punta: il pompiere aveva dovuto ripulire il sangue dalla strada con uno straccio. La madre del ragazzo insistette per avere la bara aperta, di modo che tutti potessero vedere. La mia famiglia si trasferì quand'ero alla scuola superiore, e in ciascuna delle mie scuole, in Illinois, a Baton Rouge, e a New York, qualcuno era già stato o presto sarebbe stato preso sotto da un'auto, e qualcuno era morto o paralizzato o sfigurato. Gli incidenti non fermarono nessuno dal bere fino a tardi o dal guidare troppo veloce su strade fitte di alberi. Una delle persone che ricordo meglio è una cheerleader a Baton Rouge la cui faccia era diventata irriconoscibile a causa di uno schianto. Si trovava nel sedile davanti di una decapottabile. Il catalogo scolastico di fine anno adoperò una foto dell'anno precedente.

Quando la notizia dell'omicidio di Kristy Miller si sparse attraverso il quartiere e i quartieri adiacenti, la polizia circoscrisse il campo con del nastro giallo. Poi si diffusero i particolari. Kristy era stata al negozio per comprare delle caramelle e qualcosa da bere. Aveva chiacchierato con alcuni amici prima

chatted with friends before taking the path into the field. She was grabbed from behind, raped, and stabbed eight times in the chest. On one side of the field a family held a barbeque; on the other a stock boy rounded up carts. Her body lay hidden in the tall, thick grass for the rest of the day until late the next morning when a police officer spotted some silver foil and parted the weeds. The neighborhood hired mowers to cut the field down. It never grew wild again.

Looking back, I'm not sure what impact Kristy's murder had on me. When my family prepared to leave Louisiana for New York, my brother and I were watched by Miss Bunny while my mother looked for a house and my father began his new job. Her name made it impossible for me to take her seriously as she sat in our kitchen, one hand around a beading glass of cold, sweet tea, the other around a long cigarette. I drove with my friends over the Mississippi River bridge, and we followed River Road behind truckloads of fresh-cut cane. I don't think I gave Kristy a second thought. By the time I was a senior in high school, I was skipping school regularly to go to a friend's house, to go to the city, to explore bookshops and used clothing stores, to be sophisticated and see French films at the Paris and drink fancy coffees in the theater under Carnegie Hall. I remember finding the *Dictionary of Imaginary Places* in the old Scribner's, the planks and ladders that circled the upper floors, and I was delighted when I revisited places I had never been except in my dreams. I did not think that with Kristy's death the world had changed beneath me. I did not think her death meant a childhood beneath a wide and blowing sky was gone. I did not know how to mourn. Riding the subway, walking through Union Square or by Avenue B, if Kristy's face came rising up or appeared in the faces of strangers, I did not see it, only the reflections in shop windows, the opening of doors, the quick movement of bodies, heat wavering off the street.

d'intraprendere il sentiero del campo. Era stata afferrata da dietro, violentata, e pugnalata otto volte al petto. Da un lato del campo una famiglia stava facendo un barbecue; dall'altra un inserviente dell'emporio recuperava i carrelli della spesa. Il corpo di Kristy giacque nell'erba alta e folta per il resto della giornata fino al tardo mattino successivo, quando un poliziotto scorse della carta argentata e si fece spazio fra l'erba. Il vicinato assunse qualcuno che radesse l'erba. Non crebbe mai più selvatica.

Guardandomi indietro, non sono sicura dell'impatto che l'omicidio di Kristy ebbe su di me. Quando la mia famiglia si stava preparando a lasciare la Louisiana per New York, Miss Bunny faceva da baby-sitter a me e a mio fratello, mentre mia madre cercava una casa e mio padre cominciava il nuovo lavoro. Il nome di Miss Bunny mi rendeva impossibile prenderla sul serio quando si sedeva nella nostra cucina, la mano attorno a una tazza imperlata di goccioline piena di té freddo e dolce, una lunga sigaretta nell'altra. Guidavo con i miei amici sopra il Mississippi River bridge, e seguivamo River Road dietro carichi di canne da zucchero appena tagliate. Non credo d'aver più pensato a Kristy. Negli ultimi anni delle superiori, saltavo scuola regolarmente per andare a casa di un'amica, in città, ad esplorare librerie e negozi di vestiti usati, per essere sofisticata e vedere film francesi al Paris e bere caffé di classe nel teatro sotto Carnegie Hall. Ricordo d'aver trovato il *Dictionary of Imaginary Places* nella vecchia libreria Scribner's, ricordo le assi e le scale a pioli che formavano i piani superiori, ed ero deliziata di ritrovare luoghi dove non ero mai stata se non nei miei sogni. Non pensavo che il mondo dietro me fosse cambiato. Non pensavo che la morte di Kristy significasse la fine di un'infanzia vissuta sotto un cielo spalancato ed esplosivo. Non sapevo come elaborare il lutto. In metropolitana, o camminando attraverso Union Square o Avenue B, se il volto di Kristy emergeva o appariva nei volti degli estranei, non lo vedevo, vedevo solo i riflessi nelle vetrine, le porte che si aprivano, il rapido movimento di corpi, il caldo che si espandeva sulla strada.

FOUR

QUATTRO

To Andrew: at Seventeen Months

Chimney sweep, fireman, one-man
cleaning crew, you follow me down the hall
to the kitchen, stand behind me and ask
for the broom. You push it over leaves and dirt
from the yard, bits of wood and ash from the stove,
and the broom is your horse and riding crop,
it's your long Alp horn. Drum major
or majorette, pendulum or metronome,
you swing to a waltz Strauss never knew.
You point, you charge, you begin your high-wire act
and the broom is the sum of all parts
and you're the man standing in traffic,
waving your baton, directing me
into my life, into what I don't know.

PER ANDREW: A DICIASSETTE MESI

Spazzacamino, vigile del fuoco, squadra
di pulizie di un solo uomo, mi segui lungo il corridoio
fino alla cucina, stai dritto dietro di me e chiedi
la scopa. La spingi sopra le foglie e la polvere
del cortile, pezzetti di legno e cenere della stufa
e la scopa è il tuo cavallo e il tuo frustino,
è il tuo lungo corno alpino. Maggiore o majorette
del tamburo, pendolo o metronomo,
ti dondoli al ritmo d'un valzer che Strauss non conobbe mai.
Punti il dito, vai alla carica, inizi il tuo spettacolo al trapezio
E la scopa è la somma di tutte le parti
e tu sei l'uomo che sta ritto in mezzo al traffico,
facendo sventolare il tuo bastone, dirigendo me
verso la mia vita, verso ciò che non so.

THE SUBLIME

We'd read about the trees or it was Jeanette or the man
who went on about the superficiality of America and German women

sweeping their steps while we smiled and tried to drink our beer.
We left our attic room and drove by broken farms, houses attached

to barns, the smell of horses and flies coming through the door,
crumbling spires, and perfectly wound bales of hay drying in fields

we'd never know when we looked up through the windshield,
the branches spreading overhead, two lines on either side,

they were lindens or birches, the chestnuts had already bloomed.
Friedrich was right. In "Chalk Cliffs on Rügen"

a woman and two men come to look at the Baltic
and take in the Königstuhl. She blends into water, the men

into woods, and in the distance two strokes for sails, a light brush
for waves framed by leaves and soft white formations.

None of this matters. Always someone is losing his glasses, someone
bends to help him. Even the man leaning against

the tree won't stay with the others complaining, the branch in his way,
his pockets full of receipts and a button that needs repair.

We drove under a green and flickering sky. There was no place
to park the car. We had to look away.

IL SUBLIME

Leggevamo di alberi o era Jeanette o l'uomo
che andava avanti sulla superficialità dell'America e sulle donne tedesche

che spazzano i gradini mentre noi sorridevamo e cercavamo di bere la birra.
Lasciavamo la nostra soffitta e guidavamo per cascine rovinate, case attaccate

alle stalle, l'odore di cavalli e mosche che arrivavano dalla porta,
guglie sgretolate e balle di fieno arrotolate alla perfezione che seccavano sui
[campi

che non riconoscevamo quando guardavamo dal parabrezza,
i rami che si distendevano in alto, due file su entrambi i lati,

erano tigli o betulle, i castagni erano già fioriti.
Friedrich aveva ragione. In "Le bianche scogliere di Rügen"

una donna e due uomini guardano il Baltico
e abbracciano il Königstuhl con lo sguardo. Lei sfuma nell'acqua, gli uomini

fra gli alberi, e in lontananza due pennellate per vele, un tocco lieve
per le onde incorniciate da foglie e delicate candide formazioni.

Nulla conta di tutto ciò. Qualcuno sempre perde gli occhiali, qualcuno
si piega per aiutarlo. Anche l'uomo appoggiato contro

l'albero non rimarrà con gli altri a lamentarsi, un ramo lo intralcia,
le tasche piene di scontrini e un bottone che si deve aggiustare.

Guidavamo sotto un cielo verde e tremolante. Non c'era posto
per parcheggiare. Dovemmo distogliere lo sguardo.

PSYCHE

That I pushed too hard, that I did not
believe, that I lost you and did not hear
you leave, that all I wanted was to hear

your feet, know you felt the same stones
as me, that I wanted to see your face,
know more than your body going forward

and back, that I find myself in these woods
looking for wool snagged on branches
or trapped under stray leaves. I did not accept

what my body told me. I listened to my sisters,
was only too ready to agree you weren't
who you made yourself out to be. I do not

know if I'll find you or if I'll cross that river
or get through the reeds or if I can tell you
I did not know you wanted night as much as me.

PSICHE

Che io insistevo troppo, che non
credevo, che ti ho perso e non ti ho sentito
andare via, che tutto ciò che volevo era ascoltare

i tuoi passi, sapere che sentivi le stesse pietre
come me, che volevo vedere il tuo volto,
conoscere più del tuo corpo che andava avanti

e indietro, che mi trovavo in questo bosco
a cercare lana impigliata ai rami
o intrappolata sotto le foglie disperse. Non accettavo

quel che il corpo mi diceva. Ascoltavo le mie sorelle,
ero solo troppo pronta ad ammettere che non eri
quello che facevi finta di essere. Non so

se ti troverò o se attraverserò quel fiume
o se passerò il canneto o se ti posso dire
che non sapevo che tu volevi la notte tanto quanto me.

To Andrew: at Nineteen Months

Next thing I know you're gone, running down
the hill between the boxwoods and lilies,
down the hill and over the violets
to the teetering steps that totter
over the edge of the pond. You turn,
take a half-step back, grab a stone,
and next thing I know you're saying *pond, pond,*
the word in your mouth a stone you turn over,
as if words could drift through algae and ropy weeds,
spill into the river and make their slow way out
to sea before you look in the water, drop the stone,
and walk in. We came out to the cold,
rotting leaves and our mouths burned
with iron and the awful taste of spring.

PER ANDREW: A DICIANNOVE MESI

Tutt'un tratto sparisci, corri giù
per la collina fra bossi e gigli,
giù per la collina e sopra le violette
fino agli scalini traballanti e vacillanti
sopra il bordo dello stagno. Ti giri,
fai un mezzo passo indietro, afferri una pietra,
e d'un tratto vai dicendo stagno, stagno,
la parola nella tua bocca una pietra che ti rigiri,
come se le parole potessero fluttuare attraverso alghe ed erbacce vischiose,
rovesciarsi nel fiume e farsi lentamente strada verso
il mare, prima che guardi l'acqua, fai cadere la pietra,
ed entri. Uscimmo fuori nelle fredde
foglie marce con la bocca che bruciava
di ferro e il sapore orrendo della primavera.

First Snow

It was December, morning dark, first
snow, you called and wanted to go
for a drive. You came before the plows,
and I remember we went down the hill,
then over, there was the stream, black against
white, the blacker trees. We didn't get far.
Did you see the car, the girl, or was it
me, was she already standing or did
she open the door? She flagged us down.
We pulled him out, her grandfather, our coats,
we put them under, you stepped beside him,
and she, was she sixteen, we were eighteen
or nineteen, she must have gone for help.
I don't remember what happened next,
but I see his hair and her shoes, your mouth
on his, the blue house set back from the road.
I was standing, I don't think I moved.
And then years later, this took me years,
I knew he was dead, he was when we got there,
you already knew and there was nothing
you could do but breathe, wait and breathe
until the police came, until they came
and we got in the car and you tried to drive away.

La prima neve

Era dicembre, una mattina buia, la prima
neve, telefonasti e volevi andare
a fare un giro. Arrivasti prima degli spazzaneve,
e ricordo che andammo giù per la collina
e oltre, c'era un ruscello, nero contro
il bianco, gli alberi ancora più neri. Non arrivammo lontano.
Vedesti la macchina, la ragazza, o fui
io, era già in piedi o
apriva la porta? Ci fece segno di fermarci.
Lo tirammo fuori, suo nonno, i nostri cappotti,
glieli mettemmo sotto, tu ti mettesti accanto a lui,
e lei, avrà avuto sedici anni, noi diciotto
o diciannove, forse lei era andata a cercare aiuto.
Non ricordo cosa accadde dopo,
ma vedo i capelli di lui e le scarpe di lei, la tua bocca
sulla sua, la casa blu lontana dalla strada.
Stavo in piedi, non credo che mi mossi.
E poi, anni più tardi, mi ci vollero anni,
ho capito che era morto e non c'era niente
che tu potessi fare oltre che respirare, aspettare e respirare
finché venne la polizia, finché venne
e noi ci rimettemmo in macchina e tu cercasti di allontanarti via di lì.

To Katharine: at Three

As if you could ride into the piazza
with the four horses of San Marco, ride
with the organ and five bells, as if
you could ride past the clock that sings
with the tide, sings with the sun, sings
with the ships and the moon, as if you could ride
your painted horse into the lagoon,
its red boats and striped oars, as if you could
light lanterns, straddle boards, there are flowers
at your feet, and you ride under the Rialto,
the Scalzi, under the Bridge of Sighs, your horse
plunging into the shuttered night, the canal
now rising, you gripping the reins under a carousel sky,
your breath a flame, my rippled star.

PER KATHARINE: A TRE ANNI

Come se tu potessi cavalcare nella piazza
con i quattro cavalli di San Marco, cavalcare
con l'organo e le cinque campane, come se
potessi cavalcare oltre l'orologio che canta
con la marea, canta con il sole, le navi e la luna, come se potessi
cavalcare il tuo cavallo dipinto dentro la laguna,
le sue barche rosse e i remi a strisce, come se potessi
accendere lanterne, stando a cavalcioni sulle tavole, ci sono fiori
ai tuoi piedi, e tu cavalchi sotto il Rialto,
la chiesa degli Scalzi, sotto il Ponte dei Sospiri, il tuo cavallo
che si tuffa nella notte rinserrata, il canale
che ora s'ingrossa, afferri le redini sotto un cielo da giostra,
respiri una fiamma, mia increspata stella.

Dialogue Poem *or* If I Saw You Now, This is How I Imagine it Would Go

Do you remember

When we followed

The tide on Sylt

The line of sand, banked and broken

The fog was heavy

We could not see the sea

The shallow length of the island

Where we'd gone or had to go

The fields we walked through

Sheep clumped

Like slow-moving clouds

Lounging by fences

Careless concentration

Holding wind-weathered

Snow-weathered grasses ice-

Bent with cold

And lifting latch-on-latch-on-wood

We somehow got lost

In knee-deep salty flowers

Until we saw the house

The bundled-roofs and gulls

And that horse, you heard it first

The brick-thudded hoofs

It was all alone

I wanted you to touch me

But I didn't know

What was going on

We slept all morning

In that bed high above the floor

Where the wind swept through

The pillows and blankets

So much white, inside and out

The floor creaked when we moved

Everything white above the sea

The wind outside the house

I didn't know

I loved you so

for A.H.

98

POESIA DIALOGATA O SE TI VEDESSI ADESSO, IMMAGINO CHE ANDREBBE COSÌ

Ti ricordi

                    Quando seguimmo

La marea a Sylt

                    La striscia di sabbia, ammassata e frastagliata

La nebbia era spessa

                    Non potevamo vedere il mare

La distesa piatta dell'isola

                    Dove eravamo andati o dovevamo andare

I campi attraverso cui camminammo

                    Le pecore raggruppate

Come nuvole lente

                    Sdraiate lungo i recinti

Concentrazione incurante

                    Che occupa erba sciupata dal vento

Sciupata dalla neve dal gelo

                    Piegata dal freddo

E sollevando chiavistelli di legno

                    Chissà come ci perdemmo

Tra fiori salmastri alti al ginocchio

                    Finché vedemmo la casa

I tetti affastellati e i gabbiani

                    E quel cavallo, lo vedesti tu per primo

I tonfi degli zoccoli come mattoni

                    Stava tutto solo

Volevo che tu mi toccassi

                    Ma non sapevo

Quel che succedeva

                    Dormimmo tutta la mattina

In quel letto alto sul pavimento

                    Dove il vento spazzava

I cuscini e le coperte

                    Tutto quel bianco dentro e fuori

Il pavimento scricchiolava quando

                    Ogni cosa bianca sul mare ci muovevamo

Il vento fuori di casa

                    Io non sapevo

Di amarti così tanto

Per A. H.

99

Pit Bull Haiku: For Dino

"The more I see of man, the more I like dogs."
—Madame de Staël (1766–1817)

Yellow lilies and clematis wrapped around a mailbox,
a page from *Southern Living*—
Only you know whose pee.

*

NASA
has nothing
on your ears.

*

Dino is running.
The blackbirds must be
in another poem.

*

Happy puppy wagging his tail,
happy human patting his tummy:
pitocin in the brain, in the blood.

*

Don't worry, Dino.
I will carry you
downstairs.

*

The children pile off the bus
like a river into the sea— Calm down, Dino,
you must be still for love.

*

Scientists say
dogs have night-vision:
no infra-red goggles for you.

*

PITT-BULL HAIKU: PER DINO

"Più conosco gli uomini e più mi piacciono i cani."
                              —Madame de Staël (1766–1817)

Gigli gialli e ranuncoli avvolti intorno alla cassetta della posta,
una pagina da *Southern Living*–
Solo tu sai di chi è la pipì.

*

La NASA
nulla può contro
le tue orecchie.

*

Dino corre.
I merli saranno
dentro un'altra poesia.

*

Un cucciolo felice che scodinzola,
un essere umano felice che gli accarezza la pancia:
la pitocina nel cervello, nel sangue.

*

Non ti preoccupare, Dino.
Ti porto io
giù per le scale.

*

I bambini si affollano fuori dall'autobus
come un fiume che va nel mare— Calmati, Dino,
devi stare fermo per amore.

*

Gli scienziati dicono
che i cani ci vedono di notte:
per te, niente occhiali a raggi infrarossi.

*

Dogs in tuxedos
suffer
no fools.

*

Don't bark at squirrels, Dino.
We are made of the same stuff
as the stars.

*

Crows in the trees
making a racket—
Even the Duke of York took naps.

*

You are right:
the ground is wet,
but they do not make boots in your size.

*

He meets your "Hints of blackberry
with notes of cinnamon and oak" and raises you
"bacon, liverwurst, and cheese off the floor."

*

Cute puppy smiling at Dino from the t.v.—
Corporate America even tries
to brainwash dogs.

*

Sorry, Mr. President, I cannot advise you
on Middle East peace.
The dog, he must go out.

*

There he goes: past Erik,
through the door, past Erik,
through the door.

*

I cani in smoking
non sopportano
i folli.

*

Non abbaiare agli scoiattoli, Dino.
Siamo fatti della stessa materia
delle stelle.

*

Cornacchie fra gli alberi
che fanno fracasso—
Anche il Duca di York si è fatto un pisolino.

*

Hai ragione:
la terra è bagnata,
ma non fanno stivali della tua misura.

*

Risponde al tuo "Tracce di more
con note di cannella e quercia" e rilancia con
"pancetta, salsiccia di fegato e formaggio per terra."

*

Un cucciolo grazioso sorride a Dino dalla TV—
l'America delle corporazioni cerca
di fare il lavaggio del cervello anche ai cani.

*

Mi dispiace, Egregio Presidente, non posso consigliarla
sulla pace nel Medio Oriente.
C'è il cane che deve uscire.

*

Eccolo che va: oltre Erik,
attraverso la porta, oltre Erik,
attraverso la porta.

*

How do you find it,
there
in the shadows?

*

Not today, Dino.
Not even you
can make me happy.

*

Dino, Harley is too tired to play.
Gone are the days chasing golf balls
down the hill.

*

My fancy silk scarf that came
all the way from Paris, France,
is not, sweet boy, for you.

*

Wake up sleepy dog!
Time to tango,
time to cha-cha.

*

Even dogs enjoy
a little catnip
now and then.

Come fai a trovarlo,
laggiù
nell'ombra?

*

Non oggi, Dino.
Neanche tu
puoi rendermi felice.

*

Dino, Harley è troppo stanco per giocare.
Sono finiti i giorni a rincorrere le palle da golf
giù per la collina.

*

Il mio lussuoso foulard di seta venuto
fin da Parigi, dalla Francia,
non è per te, mio caro cucciolotto.

*

Svegliati, cagnolino assonnato!
Tempo di tango,
tempo di cha-cha.

*

Perfino ai cani piace
un po' di erba gatta
di tanto in tanto.

WHEN YOU WERE AT CHILDREN'S
I WANTED TO GO BACK TO WHEN

you were small, we went to the garden store, the cart you sat,
sometimes stood in, waves of petunias, snap-dragons out

in the sun, and the car, it was full of flowers, the petals
that fell like words, nouns waiting for verbs, your first words,

and we walked through the yard, scooping handfuls of dirt,
whacking at the ground to make way for your bright pink

petunias before you wandered down the hill, returned
with rocks, you arranged them *carefully* so we could shimmy

the flowers out of their pots, so we could blanket the ground
in petunias, so we could lie down and the rain would rain

from your watering can, the watering can you picked with much
consternation, and a light wind would lift a few words from this page

and deposit them in a sea of petunias, because you are my petunia, and we will ride
in your submarine/watering can (the spout makes a good periscope),

and we will read the water as if each wave were a page in a story
about a girl who wants to visit the sun and the moon, maybe the stars,

whose ship is stored with petunias, dirt and spades, and in the hull the words
I wish I knew that might accompany her like a compass into the far night.

QUANDO ERI ALL'OSPEDALE DEI BAMBINI
VOLEVO TORNARE INDIETRO A QUANDO

eri piccola, andavamo a un negozio di giardinaggio, il carrello dove ti sedevi,
dove a volte stavi in piedi, ondate di petunie, bocche di leone fuori

al sole, e la macchina, era piena di fiori, di petali
che cadevano come parole, sostantivi che aspettavano i verbi, le tue prime
[parole,

e camminavamo per il giardino, raccogliendo manciate di terra,
pestando il terreno per fare posto alle tue petunie rosa acceso

prima di allontanarti giù per la collina, di tornare
con delle pietre, che disponevi *attentamente* così che potevamo scrollare

i fiori dai loro vasi, così che potevamo ammantare il terreno
di petunie, così che potevamo sdraiarci e la pioggia pioveva

dal tuo annaffiatoio, l'annaffiatoio che tu scegliesti con tanto
stupore, e un vento leggero sollevava alcune parole da questa pagina

e le depositava in un mare di petunie, perché tu sei la mia petunia e noi
[navigheremo
nel tuo sottomarino-annaffiatoio (il beccuccio fa da buon periscopio),

e leggeremo l'acqua come se ogni onda fosse una pagina di un racconto
su una bambina che vuole visitare il sole e la luna, forse le stelle,

la cui nave è ricolma di petunie, terra e vanghe, e nello scafo le parole
che vorrei conoscere che potrebbero accompagnarla come una bussola
[lontano nella notte.

PEAR

Somehow it's still night and snowing,
and we're outside on the bridge,
            looking into the dark, watery spaces

of those enormous trees, the snow
blowing through them and into the park.
            For once the city is quiet, and you're

standing right there, and I'm here,
and sometimes standing at the sink
            I wonder if love is enough, if it's ever

enough, and if I lost you the way the wind
shakes the blossoms loose, I don't know
            what my life would become.

I was never so happy as when I was
with you. How did I miss it? I looked out
            the window. The pear had already bloomed.

IL PERO

È ancora quasi sera e nevica,
e noi siamo fuori sul ponte,
a guardare verso lo spazio buio e acquoso

di quegli alberi enormi, la neve
ci soffia attraverso e dentro al parco.
Per una volta la città è silenziosa, e tu

stai in piedi proprio là, e io sono qui,
e a volte in piedi davanti al lavandino
mi chiedo se l'amore basta, se mai

basta, e se ti perdessi come il vento
che scuote i boccioli liberamente, non so
cosa ne sarebbe della mia vita.

Non sono mai stata così felice come quando ero
con te. Come ho fatto a non capirlo? Ho guardato fuori
della finestra. Il pero era già fiorito.

ORANGE

It's a difficult color, orange, so loud, so moody,
no one wants to sit by it, the color orange.

If I could wake up under any tree, it would
have to be in an orchard of flowering orange.

Small cat running out of the barn, sleeping in the dish,
you are of the tribe of tiger. You are the color orange.

Frank O'Hara, you have written one of my favorite poems,
the one in which you pay homage to the color orange.

The long-haired marauders thundering through town?
They pillage everything except what is the color orange.

Our specials for today include tempura-style zucchini flowers,
ten dollars a plate, delicious, quick fried, a shade of pale orange.

O Highway Safety Patrolman holding a sign, flagging us over!
I take umbrage at your abuse of the color orange.

Little children, a bit of advice: steer clear of the cottage
with the door made from candied orange.

Clementine, tangelo, kumquat, persimmon—
what shall I get you for breakfast, love? Say orange.

ARANCIONE

È un colore difficile, l'arancione, così chiassoso, così umorale,
nessuno ci si vuole sedere accanto, al colore arancione.

Se potessi svegliarmi sotto un albero qualunque, dovrebbe
essere in un frutteto di aranci in fiore.

Un gattino che corre fuori dal fienile, che dorme in una ciotola,
sei della tribù delle tigri. Sei di color arancione.

Frank O'Hara, hai scritto una delle mie poesie preferite,
quella in cui rendi omaggio al colore arancione.

I saccheggiatori capelloni che rimbombano per la città?
Fanno razzia di ogni cosa eccetto delle cose arancione.

I nostri piatti del giorno comprendono fiori di zucca in tempura,
dieci dollari a porzione, deliziosi, fritti rapidamente, una sfumatura arancio chiaro.

Oh il poliziotto stradale con un cartello in mano, ci fa segno di fermarci!
Mi offende il tuo abuso del colore arancione.

Bambini, un consiglio: tenetevi alla larga dalla casetta
con la porta fatta di arance candite.

Le clementine, i tangelo, le fortunelle, i cachi—
che dovrei prepararti per colazione, amore mio? Di' le arance.

To Andrew: at Twenty-Two Months

So you've decided to rearrange the furniture,
drag the chairs to the stove, set them in line
until they stand at attention and the buglers
raise their horns. You set the plates to music,
you open the door. You dig behind
the bushes, survey the dirt under the trees.
You sort the big rocks from the little, pile
sticks, loot leaves rotted to a moldy filigree.
You dig as if you could dig to the earth's center,
duplicate the moon, spring some forgotten treasure—
bottle caps, spent nails, paths into the mossy dark—
until you're the dublooned captain throwing
the ballast over, steering the house
through a sudden and fitful sea.

PER ANDREW: A VENTIDUE MESI

Così hai deciso di spostare i mobili,
trascinare le sedie fino ai fornelli, metterle in fila
finché stanno sull'attenti e i trombettieri
alzano i corni. Fai musica con i piatti,
apri la porta. Scavi dietro
ai cespugli, ispezioni la terra sotto gli alberi.
Separi i sassi grandi dai piccoli, ammucchi
legnetti, saccheggi le foglie macerate fino a una filigrana ammuffita.
Scavi come se potessi scavare fino al centro della terra,
duplicare la luna, far spuntare un tesoro dimenticato—
tappi di bottiglia, chiodi consumati, sentieri nel buio muschioso—
finché sei il capitano pieno di dobloni che getta
la zavorra, che guida la casa
attraverso un mare imprevedibile e incostante.

EDISTO

You'd think we drove all day to get here, think
we chose this place, marked its low swamps
and oak alleys on the map, think it chose us,
that we'd finally been claimed, that we could step
from the car and find a house far back in woods
of palmetto under pine, think we could see
who we were, standing in grass, the moment
before we knew there was no going back.
The road was low, dug in, splashed with moss
and lichen plastered on bark, and the sky,
what we could see, was spent needles, fields
gone wild, young trees growing in the dark.
Did we think we could live here, that we could
change our lives, that we could drive
down these sandy roads and pull to the side,
find a salty river and watch the tide run
the marsh green, find in the brackish water a bird
balanced on a reed or believe memory runs deep
in the genes? If it's true a single place
could teach us how the body becomes
a stream clogged with weeds, how it scars itself over,
how in its dying it flowers like yellow iris
before burning itself out, then looking
over the water we knew to be saved
we had to become something else and if we opened
our mouths what would come out was song.

EDISTO

Come se avessimo guidato tutto il giorno per arrivare qui, come se
avessimo scelto questo posto, segnato sulla cartina le paludi
e i vialetti di querce, come se ci avesse scelti lui,
se fossimo stati rivendicati, potessimo scendere
dalla macchina e trovare una casa lontano nel bosco
di palmetti sotto i pini, vedere
chi eravamo, in piedi sul prato, il momento
prima che capissimo che non si tornava indietro.
La strada era in basso, scavata, spruzzata di muschio
e licheni attaccati alla corteccia, e il cielo,
quel che potevamo vedere, era aghi consumati, campi
diventati selvatici, alberi giovani che crescevano al buio.
Abbiamo pensato poter vivere qui, di poter
cambiare la nostra vita, di poter guidare
lungo queste strade sabbiose e fermarci,
trovare un fiume salato e guardare la marea scorrere
sulle paludi verdi, di trovare nell'acqua salmastra un uccello
appollaiato su una canna o credere che la memoria scorra
profonda nei geni? Se davvero un solo posto
può insegnarci come il corpo diventa
una corrente intasata d'erbacce, come si cicatrizza da solo,
come nel suo morire fiorisce come un iris giallo
prima di esaurirsi tutto, allora esaminando
quell'acqua imparammo che per salvarci
dovevamo diventare qualcos'altro e che se avessimo aperto
la bocca ne sarebbe sgorgata una canzone.

To Andrew: at Two

Professor of blackberry science, maestro
of the sink, taste-tester who holds the blackberry
to the light, you are the foreman of the blackberry line,
the trench-coated inspector. You reach for another
and your mouth is a blackberry and your chin
is a blackberry, and it's then I know when you walk
by the pond you will bestow your beneficence to the mice
and the squirrels and proclaim the preeminence of blackberries
to the birds. You eat another and your two wet eyes
and your belly is a blackberry and when you go to sleep
you will sleep the sleep of blackberries, of black stars
and black moons, of paths so brambly that one day,
when you enter the parlors of heaven, you will find them,
as Whitman says, adorned with the running blackberry.

PER ANDREW: A DUE ANNI

Professore della scienza delle more,
maestro del lavandino, assaggiatore di sapori che osserva le more
alla luce, sei il capo della fila di more,
l'ispettore in impermeabile. Tendi la mano per un'altra
e la tua bocca è una mora e il tuo mento
è una mora, e allora capisco che quando te ne andrai
lungo lo stagno concederai la tua munificenza ai topolini
e agli scoiattoli e proclamerai la superiorità delle more
agli uccelli. Ne mangi un'altra e i tuoi occhi umidi
e la tua pancina è una mora e quando ti addormenti
dormirai un sonno di more, di stelle nere
e nere lune, di sentieri tanto spinosi che un giorno,
quando entrerai nelle sale del paradiso, le troverai,
come dice Whitman, adorne di more rampicanti.

Acknowledgements

Many thanks to the editors of the following publications where these poems first appeared:

AGNI Online: "Wattenmeer Means Cottonsea"; "The Sublime"
American Literary Review: "Reservoir"; "When You Were at Children's"
Artful Dodge: "To Katharine: at Twelve Weeks"
Christian Science Monitor: "To Andrew: at Three Months"; "To Andrew: at Two"
Crab Orchard Review: "From Ocracoke"; "Off Eastham"; "Edisto"; "Elsewhere"
Crazyhorse: "To Katharine: at Eight Months"
Gulf Coast: "'Mystery Surrounds Bird Deaths'"
Harvard Review: "Gabrielle Münter"; "The Field"
The Iowa Review: "To Andrew: at Four Weeks"; "To Andrew: at Seventeen Months"
Lyric: "Want"
New Delta Review: "To Andrew: at Nineteen Months"; "To Andrew: at Twenty-four Months"
Nimrod: "First Snow"
Notre Dame Review: "'Barlach's 'Floating Angel'"
Phoebe: "To Katharine: at Two"
Poetry Northwest: "Miscarriage"; "To Andrew: at Fourteen Months"
Prairie Schooner: "The Lesson"; "Biopsy"; "Above Oberstdorf"
Spoon River Poetry Review: "To Katharine: at Four Months"; "To Katharine: at Twenty Months"
TAB: "Apologia"; "Birthday Poem"
West Branch: "To Katharine: at Fourteen Months"
Witness: "Psyche"
Yemassee: "Greetings from Kiel"

"To Katharine: at Fourteen Months" rpt. Ted Kooser's newspaper column, "American Life in Poetry," number 174.
"To Katharine: at Three": *Family Pictures: Poems & Photographs Celebrating Our Loved Ones,* ed. Kwame Alexander, Largo, MD: Capital BookFest, 2007.
"Psyche": *A Face to Meet the Faces: An Anthology of Contemporary Persona Poetry,* ed. Stacey Lynn Brown and Oliver de la Paz, Akron, OH: U of Akron P, 2012.

A big thanks to my family and friends for all their support while I worked on these poems, especially Michele Battiste, David Biele and Kevin Heffernan, Joann and Richard Biele, Monica Birth, Michael Collier, Melissa Conti, Richard Cross, Marie DiGuardia, Jonathan Galassi, Carolyn Guinzio, Allison Kimmich, Elizabeth Loizeaux, Michele Osherow, Patrick Phillips, Stanley Plumly, Elizabeth Spires, Marcela Sulak, Christina Thompson, and Gail Walter. And to Kirk, Katie, Andrew, and Erik, all my love.

CREDITI E RINGRAZIAMENTI:

Un sentito ringraziamento ai direttori delle seguenti pubblicazioni in cui queste poesie sono apparse in precedenza:

AGNI Online: "Wattenmeer Means Cottonsea"; "The Sublime"
American Literary Review: "Reservoir"; "When You Were at Children's"
Artful Dodge: "To Katharine: at Twelve Weeks"
Christian Science Monitor: "To Andrew: at Three Months"; "To Andrew: at Two"
Crab Orchard Review: "From Ocracoke"; "Off Eastham"; "Edisto"; "Elsewhere"
Crazyhorse: "To Katharine: at Eight Months"
Gulf Coast: "'Mystery Surrounds Bird Deaths'"
Harvard Review: "Gabrielle Münter"; "The Field"
The Iowa Review: "To Andrew: at Four Weeks'" "To Andrew: at Seventeen Months"
Lyric: "Want"
New Delta Review: "To Andrew: at Nineteen Months"; "To Andrew: at Twenty-four Months"
Nimrod: "First Snow"
Notre Dame Review: "'Barlach's 'Floating Angel'"
Phoebe: "To Katharine: at Two"
Poetry Northwest: "Miscarriage"; "To Andrew: at Fourteen Months"
Prairie Schooner: "The Lesson"; "Biopsy"; "Above Oberstdorf"
Spoon River Poetry Review: "To Katharine: at Four Months"; "To Katharine: at Twenty Months"
TAB: "Apologia"; "Birthday Poem"
West Branch: "To Katharine: at Fourteen Months"
Witness: "Psyche"
Yemassee: "Greetings from Kiel"

"To Katharine: at Fourteen Months" è stata ristampata nella colonna di giornale di Ted Kooser, "American Life in Poetry," numero 174.

"To Katharine: at Three" è apparsa in *Family Pictures: Poems & Photographs Celebrating Our Loved Ones,* a cura di Kwame Alexander, Largo, MD: Capital BookFest, 2007.

"Psyche" è apparsa in *A Face to Meet the Faces: An Anthology of Contemporary Persona Poetry,* a cura di Stacey Lynn Brown e Oliver de la Paz, Akron, OH: U of Akron P, 2012.

Un sentito ringraziamento alla mia famiglia e agli amici per il loro sostegno mentre lavoravo a queste poesie, soprattutto a Michele Battiste, David Biele e Kevin Heffernan, Joann e Richard Biele, Monica Birth, Michael Collier, Melissa Conti, Richard Cross, Marie DiGuardia, Jonathan Galassi, Carolyn Guinzio, Allison Kimmich, Elizabeth Loizeaux, Michele Osherow, Patrick Phillips, Stanley Plumly, Elizabeth Spires, Marcela Sulak, Christina Thompson e Gail Walter. E tutto il mio affetto a Kirk, Katie, Andrew ed Erik.

ABOUT THE POET

JOELLE BIELE is the author of *White Summer* and the editor of *Elizabeth Bishop and The New Yorker: The Complete Correspondence*. Her essays and reviews appear in such places as *American Poetry Review, Boston Review, Harvard Review,* and *Kenyon Review*. The recipient of awards from the Maryland State Arts Council and the Poetry Society of America, she has been a Fulbright professor in Germany and Poland and taught American literature and creative writing at the University of Maryland, Goucher College, Johns Hopkins University, the University of Oldenburg, and Jagiellonian University.

ABOUT THE TRANSLATOR

IRENE MARCHEGIANI, Professor Emerita, California State University, Long Beach, and currently at State University of New York, Stony Brook, co-translated Maria Luisa Spaziani's *The Star of Free Will,* Luigi Fontanella's *Angels of Youth,* Plinio Perilli's *Promises of Love,* and Torquato Tasso's *Aminta,* which was awarded the prestigious "Diego Valeri" Monselice Prize. For Gradiva Publications she translated *A Breath of Creation* by Daniele Piccini and *A Tired Angel* by Mario Lucrezio Reali. Her collection of poetry, *La vita in cerchio,* received the Prize Astrolabio in 2011.

ABOUT THE TRANSLATOR

EMANUELE PETTENER was born in Venice, Italy, and currently lives in Boca Raton, Florida. He teaches Italian language and literature at Florida Atlantic University and authored five books: the novels *È sabato mi hai lasciato e sono bellissimo* (Ferrara: Corbo, 2009), *Proust per bagnanti* (Tropea: Meligrana, 2013) and *Arancio* (Tropea and Vincenza: Meligrana and Priamo Editori, 2014); the essay "Nel nome del padre del figlio e dell'umorismo. I romanzi di John Fante" (Florence: Cesati, 2010); and a collection of short stories, *A Season in Florida* (New York: Bordighera Press, 2014).

THE BORDIGHERA POETRY PRIZE

Sponsored by

THE SONIA RAIZISS-GIOP CHARITABLE FOUNDATION

1 • LEWIS TURCO, poet; JOSEPH ALESSIA, translator: *A Book of Fears* • *Un libro di fobie,* $9.00 paper • $19.95 hardback

2 • JOE SALERNO, poet; EMANUEL DI PASQUALE, translator: *Song of the Tulip Tree* • *La canzone della magnolia*a, $14.95 hardback

3 • LUISA ROSSINA VILLANI, poet; LUIGI FONTANELLA, translator: *Running Away from Russia* • *Fuggendo via dalla Russia,* $11.00 paper or hardback

4 • STEPHEN MASSIMILLA, poet; LUIGI BONAFFINI, translator: *Forty Floors from Yesterday* • *Quaranta piani da ieri,* $14.00 paper, $19.00 hardback

5 • JANE TASSI, poet; NED CONDINI, translator: *And Songsongsonglessness* • *E nonuncantononuncantouncanto,* $14.00 paper, $19.00 hardback

6 • GERRY LaFEMINA, poet; ELISA BIAGINI, translator: *The Parakeets of Brooklyn* • *I parrocchetti di Brooklyn,* $14.00 paper, $19.00 hardback

7 • CAROLYN GUINZIO, poet; FRANCO NASI, translator: *West Pullman,* $14.00 paper, $19.00 hardback

8 • GRACE CAVALIERI, poet; MARIA ENRICO, translator: *Water on the Sun* • *Acqua sul sole,* $14.00 paper, $19.00 hardback

9 • EMILY FERRARA, poet; SABINE PASCARELLI, translator: *The Alchemy of Grief* • *Alchimia del dolore,* $14.00 paper, $19.00 hardback

10 • TONY MAGISTRALE, poet; LUIGI BONAFFINI, translator: *What She Says About Love* • *Quello che lei dice dell'amore,* $10.00 paper, $19.00 hardback

11 • MICHAEL LaSORSA STEFFEN, poet; PAOLO RUFFILLI, translator: *Heart Murmur* • *Sussurro del cuore,* $10.00 paper, $19.00 hardback

12 • CARLA PANCIERA, poet; LUIGI BONAFFINI, translator: *No Day, No Dusk, No Love* • *Nessun giorno, nessun crepuscolo, nessun amore,* $10.00 paper, $19.00 hardback

13 • MATTHEW M. CARIELLO, poet; AMBRA MEDA, translator: *A Boat That Can Carry Two* • *Una barca per due,* $10.00 paper, $19.00 hardback

14 • JOHN ORTENZIO BARGOWSKI, poet; AMBRA MEDA, translator: *Driving West on the Pulaski Skyway* • *Guidare verso ovest sulla skyway Pulaski,* $10.00 paper, $19.00 hardback

15 • JOANNE MONTE, poet; ROSANNA MASIOLA, translator: *Blue Light of Dawn* • *Nella luce azzura dell'alba,* $10.00 paper, $19.00 hardback

16 • JOELLE BIELE, poet; IRENE MARCHEGIANI and EMANUELE PETTERNER, translators: *Broom* • *Scopa,* $10.00 paper, $19.00 hardback

Add $2.00 *shipping and handling*

BORDIGHERA PRESS • PO BOX 1374 • LAFAYETTE, IN 47902
E-MAIL: info@bordigherapress.org

SMALL PRESS DISTRIBUTION • 1341 SEVENTH STREET • BERKELEY, CA 94710–1403
TEL: 800.869.7553 • VISA AND MASTERCARD ACCEPTED

www.ingramcontent.com/pod-product-compliance
Lightning Source LLC
Chambersburg PA
CBHW032040040426
42449CB00007B/957